GRUNDLAGEN UND GEDANKEN ZUM VERSTÄNDNIS
DES DRAMAS

SAMUEL BECKETT: WARTEN AUF GODOT

von

GERHARD P. KNAPP und MONA KNAPP

VERLAG MORITZ DIESTERWEG

Frankfurt am Main

Die Reihe wird herausgegeben von Hans-Gert Roloff.

ISBN 3-425-06081-3

3. Auflage 1991

Umschlaggestaltung: Reinhard Schubert, Frankfurt am Main
Druck: Hassmüller KG Graphische Betriebe, Frankfurt am Main
Bindung: Adolf Hiort, Wiesbaden

Inhalt

I. Allgemeine Grundlagen

1. Das Drama des Absurden

a) Literarhistorische und philosophische Voraussetzungen

Das Drama des Absurden, so wie es sich heute immer deutlicher als ein eigenständiges Genre abzeichnet, ist an die Namen von Arthur Adamov, Samuel Beckett, Eugène Ionesco und einer Reihe anderer Avantgarde-Autoren geknüpft. Nicht selten wird die Dramatik eines Fernando Arrabal, eines Jean Genet, Wolfgang Hildesheimer oder eines Harold Pinter im gleichen Atemzug genannt. Was als durchgängiges Thema die Texte dieser Autoren — bei aller Divergenz in Stil und Gestaltung — verbindet, ist die Darstellung der menschlichen Existenz als ein von metaphysischem Sinn entleertes, der transzendentalen Verankerung beraubtes Dasein. In der Philosophie des Absurden, die Albert Camus in seinem *Mythos von Sisyphus* (*Le Mythe de Sisyphe*, 1942) begründet hat, spiegeln sich nicht nur die Erfahrungen des ersten Weltkrieges und der französischen Niederlage im zweiten Weltkrieg, nicht nur die Enttäuschung an der scheinbaren Unlösbarkeit gesellschaftlicher Widersprüche der westlichen Welt, sondern die Überzeugung, daß religiöse und ideologische Systeme, wie sie die Tradition vorsah, im Angesicht der Katastrophe wertlos geworden sind. Die menschliche Situation — des Individuums wie eines gegebenen Kollektivs — angesichts einer letztlich sinnentleerten Welt zeichnet Albert Camus derart:

„Eine Welt, die durch die Vernunft erklärbar ist — wie fehlerhaft sie immer sein mag —, erscheint als eine vertraute Welt. Aber innerhalb eines Universums, das plötzlich der Illusion und des Lichts beraubt ist, muß sich der Mensch als Fremder fühlen. Er ist ein unwiderruflich Verbannter, weil er die Erinnerungen an eine verlorene Heimat ebenso eingebüßt hat wie die Hoffnung auf ein gelobtes Land. Der Abgrund zwischen dem Menschen und seinem Leben, gleich dem Abgrund zwischen einem Schauspieler und seiner Bühne, bewirkt die Erfahrung des Absurden. (*Mythos von Sisyphus*, S. 18; Übers. der Verf.)

Camus vergleicht die philosophische *Erfahrung* des Absurden — und damit natürlich auch seine logische und ästhetische Vermittlung — mit der Beobachtung eines Menschen, der hinter einer Glaswand telephoniert: man kann ihn weder hören noch dem Gang des Gesprächs folgen. Was man sieht, ist nur sein „sinnloses Mienenspiel". Die einzige Konsequenz aus der Beobachtung ist für Camus die Frage, warum dieser Mensch denn lebt. Und man möchte hinzufügen, daß in der gegebenen Situation keine Antwort auf die Frage möglich ist — die Frage erstarrt zur existenziellen Geste.

Gegenüber der Dramaturgie Bertolt Brechts etwa, dessen episches Theater von der greifbaren Struktur einer historischen Entwicklung ausgeht und die Lehre gesellschaftlicher und geschichtlicher Prozesse paradigmatisch zu vermitteln sucht, ist die Paradigmatik der absurden Bühne primär nicht dem *Intellekt*, sondern dem *Mythos* verpflichtet. Gerade hierauf mag teilweise ihre Wirkung auf das zeitgenössische Publikum beruhen:

„das Publikum von heute bildet eine wertindifferente Masse, in der jeder einzelne den Schutz der Anonymität genießt und zugleich die Isolation und Verlorenheit seines Ichs durch mechanische Belustigungen zu durchbrechen sucht. Die gesellschaftlichen Widersprüche werden als unaufhebbar hingenommen. Will der Dramatiker sie ins Bewußtsein zurückrufen, so muß er die Vorstellung einer gefrorenen, durch keine Anstrengung zu ändernden Wirklichkeit erschüttern, indem er die Perspektiven verschiebt oder sie bis ins Unendliche erweitert." (Franzen, S. 122)

An Stelle der Affirmation einer unveränderlichen und in sich schlüssigen Wirklichkeit jedoch muß ein anderes treten, ein verbindendes Element, das die ästhetische Vermittlung bestimmt. Denn gerade das Drama, das nicht wie andere literarische Formen auf einer meditativen bzw. reflektierenden Wirkungsgrundlage (wie lyrische bzw. erzählende Texte) einen einzelnen Rezipienten zu erreichen vermag, bedarf eines kollektiven Wirkungsspielraums.

Dieser bestand in der traditionellen aristotelischen und nach-aristotelischen Dramatik, vereinfachend ausgedrückt, aus der Erfahrung und dem Nachvollzug eines Konflikts des Einzelnen mit einem Unveränderlichen. Dieses trat zunächst auf in Form des Götterwillens, dann in einer gegebenen ethisch-metaphysischen Ordnung, später in Gestalt gesellschaftlicher und / oder ökonomischer Systeme etc. Im epischen Theater oder in anti-mimetischen Stücken des Expressionismus etwa ist es das dynamischere „Denk-Spiel" (Georg Kaiser), das an Stelle eines konstant gegebenen imaginären Bezugspunkts tritt: der Bezug zwischen Bühne und Rezipient wird einerseits „offener", andererseits jedoch privater, da der Mitvollzug eines dialektischen Vorgangs dem Rezipienten entscheidend größeren individuellen Spielraum läßt etwa als die Einsicht in die auf der Bühne demonstrierte schicksalhafte Notwendigkeit. Das Vakuum, das das absurde Theater zunächst durch die Entgötterung der Bühnenwelt und dann durch das Ausschließen einer intellektuellen Appellstruktur schafft, hat es auszufüllen durch die Repräsentation des *Mythos vom Absurden.*

Eugène Ionesco definiert den Begriff des Absurden mit den folgenden Worten:

„Absurd ist das Sinnentleerte [...] Verloren ist der Mensch, der von allen seinen religiösen, metaphysischen und transzendentalen Wurzeln abgeschnitten ist; seine Handlungen werden sinnlos, absurd, zwecklos." (*Dans les armes de la ville*. Paris, Cahiers de la Compagnie Madeleine Renaud-Jean-Louis Barrault 20, 1957; Übers. der Verf.)

An der hier zitierten Stelle kann man unschwer bereits den Übergang von den philosophischen Grundlagen des Dramas des Absurden zur ästhetischen Vermittlung erkennen. Denn die Handlungen dieses seiner Wurzeln beraubten Menschen sind es, die im Theater des Absurden auf einer Bühne erscheinen, die letztlich Ausdruck einer nicht mehr durch metaphysische oder empirische Stimmigkeit gebundenen Welt wird.

b) Die Ursprünge im modernen Drama

Auch wenn es Versuche gibt, eine „Tradition des Absurden" (Martin Esslin 1) zurückzuverfolgen bis zu Shakespeare, Büchner und der *nonsense*-Dichtung einer Reihe von Autoren der letzten drei Jahrhunderte, so bleiben diese im ganzen wenig überzeugend. Man weiß heute, daß erste Ansätze von einiger Bedeutung für die Entwicklung des absurden Dramas im französischen Symbolismus liegen, dann in den Dramen Alfred Jarrys (1873—1907), dem ursprünglich als Puppenspiel konzipierten *König Ubu* (*Ubu Roi*, 1896) und Guillaume Apollinaires (1880—1918), vor allem *Die Brüste des Tiresias* (*Les Mamelles de Tirésias*, 1917) und *Die Farbe der Zeit* (*Couleur du Temps*, 1918). Einflüsse des Dadaismus sind zu erkennen, etwa in Gestalt von *Sphinx und Strohmann* (1917) des Dichter-Malers Oskar Kokoschka (1886—1976). Diese bestehen vor allem aus der Zerstörung des traditionellen Dialogs als Informationsaustausch bzw. Ideengefüge, aus *nonsense*-Elementen in der Szenerie, bizarren Masken und ähnlichem Accessoire der gleichermaßen bizarr auftretenden Akteure. Die konventionellen Stützpfeiler des Dramas: Dialog — Handlung — Szenerie (als quasi-glaubwürdige Nachahmung) erscheinen hier zum ersten Mal vollends zerstört. An die Stelle der Sprache als Informationsträger treten die Platitüde, die Wiederholung emotional aufgeladener Signale, das Tonsignal und das Klischee. Handlungselemente in Form eines sinntragenden, durch kausalen und chronologischen Zusammenhang gebundenen Geschehnisablaufs entfallen weitgehend: „Die dramatischen Konstituentien erscheinen nach ihrem Tod. Exposition, Knoten, Handlung, Peripetie und Katastrophe kehren einer dramaturgischen Leichenbeschau als Dekomponierte wieder." (Adorno 1, S. 214 f.) Sie werden ersetzt durch eine Abfolge von ‚Bildern' in oft episodischer Reihung, die bis zur völligen Inkohärenz aufgebrochen werden kann. Die mimetische Szenerie weicht der lockeren Improvisation, die sich, von Ausnahmen einmal abgesehen, oft auf ein

Minimum realer Objekte beschränkt und das Ausfüllen der Leerstellen der Phantasie des Zuschauers überträgt. Ganz auf den Rhythmus einer im übrigen bedeutungsentleerten Sprache verläßt sich das mit einigem Erfolg 1921 im Studio des Champs Elysées uraufgeführte Spiel von Tristan Tzara (1896—1963) *Das Herz von Gas (Le Cœur à Gaz)*, in dem die Akteure einzelne Körperteile repräsentieren und mit einiger Mühe konsequent aneinander vorbeireden. Der Autor selbst bezeichnete das Stück als „den größten Schwindel des Jahrhunderts in drei Akten".

Die Intention derartiger Texte — und die Aufzählung ließe sich beliebig fortsetzen — ist jedoch eindeutig: Die Bühne erscheint hier als ein Ort der Provokation, des Protests gegen traditionelle Werte, die in einer Sprache der Essentialität angesiedelt sind, gegen die Gesellschaft im weitesten Sinne und die Rolle des Individuums, wie sie sich aus den Anforderungen dieser Gesellschaft ableitet. An Stelle der alten, Platonischen Vorstellung von der Repräsentation der Welt durch *Ideen* bzw. ideelle Werte und Inhalte tritt hier die Hypostase eines absoluten, aber letztlich weltlosen und zusammenhangslosen Ich, das sich nur im Ausbruch der emotionalen Explosion seiner selbst zu versichern vermag.

Antonin Artaud (1896—1948) und Roger Vitrac (1899—1952) begründeten im Jahre 1927 das *Théâtre Alfred Jarry,* das die Uraufführung einer Reihe experimenteller Dramen erlebte und, trotz seiner kurzen Lebensspanne, als Gründungsort des späteren „Theaters der Grausamkeit" *(théâtre de la cruauté)* gelten darf. Artaud begründete seine dramatischen Theorien in einer Sammlung von Essays, die unter dem Titel *Le Théâtre et son Double* im Jahre 1938 erschien. Hierin werden die Leitlinien festgelegt, die für die französische Avantgarde von großem Einfluß waren und die, zumindest in Bezug auf die äußeren Elemente dramatischer Gestaltung, sich prägend auch auf das Theater des Absurden auswirkten. Starke Einflüsse von dieser Richtung gingen unter anderem auch auf die moderne polnische Dramatik aus. Als Vertreter seien hier nur Stanislav Ignacy Witkiewicz (1885—1939) und Witold Gombrowicz (1904—1969) genannt. Als Vorläufer des absurden Theaters in Spanien wird Ramón del Valle-Inclan (1866—1936) angesehen; vergleichbare Strömungen lassen sich für die Zeit zwischen den Weltkriegen in ganz Europa nachweisen. Auf die Wurzeln einer Weltsicht, die sich als Ausdruck der Krise, des Umbruchs und der ästhetischen Neuorientierung verstand, braucht hier nicht weiter eingegangen zu werden. Es sind dies die gleichen Wurzeln, die aus der existenziellen, moralischen und ökonomischen Niederlage erwuchsen, die die Jahre nach dem ersten Weltkrieg zeichnen und die dann ihren letzten, fatalen Ausdruck in einer allgemeinen politisch-ideologischen Radikalisierung fanden.

c) Eugène Ionesco

Als einer der Begründer des absurden Theaters gilt Eugène Ionesco (1912 in Slatina, Rumänien, geboren). Ionesco emigrierte, nachdem er die Schule absolviert und französische Literatur in Bukarest studiert hatte, im Jahre 1938 nach Frankreich. Sein erstes Stück, *Die kahle Sängerin (La Cantatrice Chauve)*, entstand 1948 und wurde am 11. 5. 1950 im Théâtre des Noctambules uraufgeführt. Von einer stürmischen Aufnahme durch das Publikum kann nicht die Rede sein. Bereits hier sind die Grundelemente der absurden Bühne ausnahmslos vertreten: der endlose Dialog zwischen zwei Akteuren, der in einer Erkennungsszene gipfelt, in der durch logische Deduktion ermittelt wird, daß es sich bei beiden um Mann und Frau handelt. Stationen dieses Erkenntnisprozesses sind die Feststellungen, daß man seit Jahren in der gleichen Straße, im selben Haus, auf dem selben Stockwerk gewohnt habe, die Räumlichkeiten geteilt und im selben Bett geschlafen. Als Dingsymbol und wesentlicher Bestandteil der Szenerie dient eine Uhr, die grundsätzlich das Gegenteil der „korrekten" Zeit anzeigt. Die implizite Gegenwart einer „korrekten", empirisch nachprüfbaren Zeiteinheit *außerhalb* des Geschehens auf der Bühne schränkt allerdings in gewisser Weise die Aussage des „anti-Stückes" ein. Von der Vermittlung einer geschlossenen, quasihermetischen Welt des Absurden wird man hier noch nicht sprechen können.
— Ionescos zweites Stück, *Die Unterrichtsstunde (La Leçon, 1950)* geht einen Schritt weiter. Hier erscheint Sprache als ein Instrument der Macht und der Gewalttätigkeit in einer völlig verfremdeten, in sich geschlossenen Welt. Sprache dient der brutalen Unterwerfung und dem schließlichen Mord an einer Schülerin, die sich auf die Dialektik ihres Schulmeisters zwar einläßt, ihr aber nicht gewachsen ist. Untertöne von Sexualität und Grausamkeit sind ebenso greifbar wie die völlige Negation der Sprache als Kommunikation im konventionellen Sinne. Beide Stücke, in stärkerem Maße jedoch *Die Unterrichtsstunde*, lassen sich als eine neue Form der *Tragikomödie* bezeichnen, einer Gattung, die als ästhetisches Medium dem Absurden am ehesten benachbart erscheint und die in der Folgezeit in den meisten absurdistischen Stücken Verwendung findet. Beide Stücke sind auch als *Parabeln* zu verstehen und erfüllen die traditionellen Anforderungen an parabolische Texte: Neutralisierung bzw. Typisierung der Charaktere bis hin zu einer fast folienhaften Entpersönlichung; Abstraktion des historischen bzw. konkreten Ortes zum Paradigmatischen; Auflösung von empirischen Zeitstrukturen etc. Die Parabolik des absurden Theaters jedoch ist der konventionellen Parabolik nicht ohne Einschränkung vergleichbar. Hierauf wird im folgenden noch weiter eingegangen.

In *Jack oder Die Unterwerfung (Jacques ou La Soumission, 1950)* behandelt Ionesco grundsätzlich ähnliche Themen: die Deformation des Individuums durch den Druck von Gesellschaft und Moral, hier mit besonderem Blickpunkt auf das Sexualleben. In *Die Stühle* (*Les Chaises*, 1951), das der Autor als „tragische Farce" bezeichnete, ist in gewisser Weise die Substanz von Becketts *Warten auf Godot* vorweggenommen. Auch hier wartet ein altes Ehepaar auf das Erscheinen eines Retters. Das Warten, das den größten Teil des Stückes ausmacht, entlarvt sich dann als grausame Enttäuschung, wenn im *dénouement* lediglich ein taubstummer Redner erscheint. Die alten Leute begehen Selbstmord — die einzige, die radikale Lösung des Dilemmas ‚Hoffnung', das hier durchgespielt wird. Im Gegensatz zu Becketts Stück ist die Symbolik eindeutig, der Schluß ‚geschlossen', die Dialektik des Stückes zu einem Ende gebracht. Die „tragische Farce" endet zwar — im umgangssprachlichen Sinne — ‚tragisch'; eine wahre Tragik kann jedoch nicht aufkommen, da der metaphysische Grund eines möglichen tragischen Konflikts negiert wird. —

Unter den zahlreichen weiteren Stücken Ionescos, die fast sämtlich mit großem Erfolg aufgeführt wurden und werden, verdient schließlich noch *Die Nashörner* (*Rhinocéros*, 1958) Erwähnung. Die Parabel von der Verwandlung der Menschen in Nashörner begründete endgültig Ionescos Ruhm als vielleicht — mit Beckett — der bedeutendste Dramatiker des Absurden. Die Wechselbezüge zwischen Beckett und Ionesco sind bislang nicht restlos geklärt. Eindeutig ist jedoch — bei aller Verschiedenheit der dramatischen *Mittel* — die Herkunft beider aus gemeinsamen literarischen und philosophischen Ursprüngen und die Verwandtschaft in der Aussage ihrer Dramatik.

d) Zum Begriff der Parabel und zur Möglichkeit des Tragischen

So wie die Gattung der Tragikomödie — mag sie sich nun als „tragische Farce" bezeichnen oder wie auch immer — am ehesten als Ausdruck einer absurden Weltsicht geeignet erscheint, so präsentiert sich das absurde (oder besser: absurdistische, denn ein Stück an sich kann nicht „absurd" sein) Theaterstück in der Regel als Parabel. Um beide Punkte zu illustrieren, sei hier jene berühmte Stelle aus *Warten auf Godot* zitiert, die auch Arnold Heidsieck (S. 37 ff.) seiner Definition der „ästhetischen Figur des Absurden" zugrundelegt:

„[...] eines Tages wurden wir geboren, eines Tages sterben wir, am selben Tag, im selben Augenblick [...] Sie gebären rittlings über dem Grabe, der Tag erglänzt einen Augenblick und dann von neuem die Nacht." (94)

„Die logische Figur des Absurden, die den kontradiktorischen Gegensatz des Stringenten als stringent vorträgt, verneint jeglichen Sinnzusammenhang, wie ihn die Logik zu gewähren scheint, um diese der eigenen Absurdität zu überführen [...]" (Adorno 1, S. 222). Das Fehlen eines Sinnzusammenhanges aber macht das Entstehen metaphysisch begründeter Tragik unmöglich. Statt jener entsteht ein Eindruck durchgängiger Verzweiflung, die *in ihrer Anlage* unpathetisch ist und, wie im obigen Zitat, oft groteske Ausdrucksformen sucht. Sie könnte man, wenn man so wollte, als eine „negative Tragik" bezeichnen, die für die „Weltlosigkeit" des absurden Anti-Helden kennzeichnend wurde: „Da, wo es keine Welt mehr gibt, auch *Kollision mit der Welt* nicht mehr geben kann, ist die *Möglichkeit des Tragischen* verlorengegangen." (Anders, S. 34) Konkreter auf das Zitat bezogen heißt das: Überschneiden sich Geburt und Tod im ziellosen Einerlei einer zeitlos gewordenen Zeit, so bleibt kein Raum für Tragik, nur noch für die verzweifelte Komik der Groteske. Der Vorgang der *ästhetischen* Vermittlung der *logischen* Prämisse des Absurden wird hier ganz deutlich.

Daß diese Prämisse jedoch dem *Mythos* entstammt, wurde schon gesagt. Und der Mythos, das heißt die letztlich nicht mehr rational begründbare Annahme einer rational nicht erfaßbaren Welt, bildet nicht nur, wie bereits betont, das imaginäre Zentrum der ästhetischen Vermittlung des Stückes an sein Publikum, er bleibt letztlich auch der einzig *greifbare Kern der absurden Parabel.* „Jedes absurde Theaterstück ist eine Parabel." (Hildesheimer, S. 237) Und keine dieser Parabeln repräsentiert ein logisches oder auch irrationales System einer durch den Text belegten ‚zweiten Wirklichkeit', wie dies die traditionelle Parabel unternimmt. „Das absurde Stück stellt einen Zustand dar, der, wie immer er auch auf der Bühne enden mag, in der Frage verharrt." (Hildesheimer, S. 238) Die „Inversion" der Parabel bedeutet also — der Vergleich mit den Parabeln Kafkas drängt sich auf, eine Klärung würde jedoch zu weit führen —, daß die traditionell sinn*hafte* zu einer sinn*losen* wird. Ausgangspunkt des parabolischen Vollzugs ist die Frage; ihre Durchführung der Inhalt des Stückes, und ihre gestische Manifestation sein Ende.

Dasein wird zum Zeitvertreib der Helden Becketts und Ionescos. Zu ‚tun' gibt es eigentlich nichts mehr. Zu ‚tun' gibt es ebenfalls nichts mehr für den Zuschauer, nicht den Nachvollzug göttlicher Gerechtigkeit oder ein dialektisches „Weiterdenken" im Sinne Brechts. Er kann letzten Endes bloß die Parabel akzeptieren — und das bedeutet: die Frage immer wieder von neuem stellen —, oder er kann sie zurückweisen. Wolfgang Hildesheimer berichtet von Londoner Aufführungen von *Warten auf Godot,* daß immer ein Fünftel der Zuschauer das Theater vorzeitig verließ. Der Rest blieb bis zum Ende. „Und warum? Nicht, weil sich ihm da von der Bühne her eine Wahrheit gleichnishaft mitgeteilt hätte. Sondern weil er einer faszinierenden Interpretation eines faszinierenden Kunstwerks beigewohnt hatte." (Hildesheimer, S. 239) Die Faszination des Kunstwerks liegt in seiner ästhetischen Vermittlung begründet. Dahinter jedoch liegt die Faszination der Frage, deren

Validität sich aus dem Applaus des Publikums rechtfertigt. Und die Frage verweist den Zuschauer zurück auf den Mythos vom Absurden als ein philosophisches Konstrukt.

2. Samuel Beckett. Zur Biographie

Samuel Beckett wurde an einem Karfreitag, dem 13. April 1906 in Foxrock (einem Vorort von Dublin) in Irland geboren. Als Sohn einer bürgerlichen protestantischen Familie besuchte er zunächst eine protestantische Schule in Dublin, das Earlsford House, dann ab 1920 die irisch-englische Portora Royal School in Enniskillen. Hier erwachte sein Interesse an der französischen Sprache. Im Jahre 1923 begann er am Trinity College der Universität Dublin sein Studium. Es bedarf kaum der Erwähnung, daß das Erlebnis des ersten Weltkrieges einen starken Einfluß auf die prägenden Jahre des Heranwachsenden darstellte. Die Wirkungen des geistigen Umbruchs dieser Jahre und der damit verbundenen gesellschaftlichen und ökonomischen Umschichtungen in dem sich gerade zum Industriestaat emanzipierenden Irland auf Becketts Werk sind von der Forschung zur Genüge nachgewiesen worden.

Am Trinity College studierte Beckett Romanistik — vor allem französische und italienische Sprache und Literatur — und erwarb den Grad eines Bachelor of Arts im Jahre 1927 nach einem kurzen Aufenthalt in Paris im Jahre 1926. Die Jahre von 1928 bis 1930 verbrachte er als Lektor für Englisch an der École normale supérieure in der Rue d'Ulm in Paris. Während dieser Zeit lernte er den damals im Pariser Exil lebenden James Joyce kennen, dessen Werk er bewunderte und dessen Einfluß auf seine eigene literarische Entwicklung als erwiesen gilt. Joyces Tochter Lucia soll sich in Beckett verliebt haben; dessen Interesse aber beschränkte sich auf den Vater. (Hierzu vgl. die Joyce-Biographie von Ellermann). Beckett übersetzte für Joyce dessen *Anna Livia Plurabelle* ins Französische und arbeitete zusammen mit ihm an einer frühen Fassung von *Finnegan's Wake*. Seine erste eigene Veröffentlichung, *Dante ... Bruno, Vico ... Joyce*, erschienen 1929, ist aus dem engen Verhältnis zu Joyce gewachsen. Im gleichen Zeitraum interessierte sich Beckett auch für den Surrealismus und plante eine Dissertation über Proust, die jedoch ungeschrieben blieb. Sein Essay über Proust nimmt jedoch wesentliche Gedanken des späteren Werks vorweg.

Im Jahre 1930 erschien sein Gedicht *Whoroscope* in Paris. 1931 kehrte Beckett nach Dublin zurück, um dort den akademischen Grad eines Magister Artium zu erwerben und danach einige Monate am Campbell College als Professor für Französisch zu lehren. Er wurde dann als Professor der Romanischen Sprachen an das Trinity College in Dublin berufen. Beckett brach jedoch bereits nach sechs Monaten Lehrtätigkeit seinen auf drei Jahre anberaumten Vertrag mit dem Trinity College und verließ endgültig Irland und damit die akademische Welt: „Je n'aimais pas enseigner, je n'aimais pas vivre en Irlande." (Perche, S. 179) Er fuhr zunächst nach London; dort erbte er nach dem Tode seines Vaters (1933) eine größere Summe, die ihm Reisen nach Frankreich, Italien und Deutschland ermöglichte. Im Jahre 1937 kehrte er nach Paris zurück. Während seiner Reisejahre übernahm er — sicherlich aus finanziellen Gründen — eine größere Anzahl von Übersetzungsarbeiten. Unter anderem übertrug er Rimbauds *Bateau ivre* aus dem Französischen, dann eine *Anthology of Mexican Poetry* aus dem Spanischen. Die bedeutendste Arbeit dieser Jahre ist ohne Zweifel die Geschichtensammlung *More Pricks than Kicks*, die nach dem Erstdruck (London 1934) jahrelang vergriffen blieb und deren Wiederabdruck von Beckett verboten wurde. Der Titel des Erzählungszyklus ergibt übrigens ein im Englischen reichlich anstößiges Wortspiel, das in dieser Form nicht ins Deutsche übertragbar ist. Erst 1972 kam mit der Einwilligung des Autors eine Neuauflage zustande.

Im Sommer des Jahres 1939 — kurz vor dem Ausbruch des zweiten Weltkrieges also — war Beckett bei seiner Mutter zu Besuch in Irland. Er kehrte daraufhin nach Paris zurück. Der Grad seiner Beteiligung am Kriegsgeschehen auf der Seite der Résistance ist nie genau festgestellt worden; auf jeden Fall arbeitete er ab 1940 mit einer Résistancegruppe zusammen, die unter der Leitung von Alfred Péron stand. Als einige Mitglieder dieser Gruppe im August 1942 von der Gestapo verhaftet wurden, floh Beckett zur Vaucluse und blieb dort als „Bauer" bis zur Befreiung Frankreichs. In dieser Zeit entstand der Roman *Watt* — sein letztes größeres Werk in englischer Sprache. Nach einem kurzen Besuch in Irland unmittelbar nach Kriegsende arbeitete Beckett mehrere Monate für das Rote Kreuz in einem irischen Krankenhaus in Saint-Lô in der Normandie und kehrte danach wieder nach Paris zurück. Dort schrieb er sein erstes Bühnenstück *Eleutheria*, das zum gewissen Grad als Vorbild für *Warten auf Godot* betrachtet wird, bis heute aber unveröffentlicht geblieben ist, und gab endgültig — abgesehen von wenigen Ausnahmen — Englisch als Sprache seiner literarischen Produktion auf. Nur Übersetzungen seiner Werke ins Englische fertigt er allerdings in der Regel selber an.

In den Jahren 1946 bis 1952 verfaßte Beckett eine Reihe von Gedichten und kurzen Geschichten sowie eine „Nouvelle" *L'Expulsé)* und die Romantrilogie *Molloy, Malone stirbt (Malone meurt)* und *Der Namenlose (L'Innomable)*. Zur gleichen Zeit entstand sein erstes veröffentlichtes Bühnenstück, *Warten auf Godot*. 1946 übersetzte er *Murphy* ins Französische, dessen Erstveröffentlichung (1938) seinerzeit in London ohne Nachhall geblieben war. Im Jahre 1949 heiratete er eine Französin.

Bis zu diesem Zeitpunkt war der Autor Samuel Beckett bestenfalls in einigen exklusiven avantgardistischen Kreisen bekannt. Seine relative Unbekanntheit fand jedoch schlagartig ein Ende mit dem Erscheinen bzw. der Aufführung von *Warten auf Godot*. Die Werke dieser ersten fruchtbaren Schaffensperiode (1946—1952) gelten bis heute als seine wichtigsten. Nach dem Erfolg von *Warten auf Godot* unterbrach Beckett seine schriftstellerische Arbeit für fünf Jahre, bis zum Erscheinen von *Endspiel (Fin de partie / Endgame)* im Jahre 1956. In den sechziger Jahren erschienen dann mehrere Hörspiele und Stücke.

Die öffentliche Anerkennung für das Werk Becketts hatte in der Rezeption von *Warten auf Godot* einen ersten Höhepunkt erreicht und wurde durch das Erscheinen von *Endspiel* endgültig gefestigt. Im Jahre 1961 wurde ihm, zusammen mit Jorge Luis Borges, der Internationale Verlegerpreis verliehen; 1969 erhielt er den Nobelpreis für Literatur. 1984 wurde der Einakter *Compagnies* in Paris uraufgeführt. Im Jahr davor fanden deutsche Erstaufführungen der dramatischen Fragmente *Ein Stück Monolog* und *Rockaby* in Berlin statt. Die Fragmente *Theater 1* und *Theater 2* (geschrieben Mitte der siebziger Jahre) wurden im Sommer 1985 in Frankfurt eingespielt. Beckett starb 1989 in Paris.

3. Werke

a) Entstehung von „Warten auf Godot"

Auf der ersten Seite des Manuskripts von *En attendant Godot* steht das Datum vom 9. Oktober 1948, auf der letzten die Datierung vom 29. Januar 1949 (Duckworth, S. 89). Man darf jedoch annehmen, daß Beckett bereits einige Monate früher mit der Arbeit an diesem Text begonnen hat, und zwar im Sommer 1948, zu der Zeit, als er den unvollendeten Roman *Malone stirbt (Malone meurt)* beiseitelegte. Zwischen dem Abschluß des Manuskripts und seiner Veröffentlichung liegen mehr als zwei Jahre: *Warten auf Godot* ist erst 1952 erschienen, die Uraufführung findet im Januar 1953 in Paris statt. *Warten auf Godot* ist — und hier ist sich die Kritik einig — mit großem Abstand das bedeutendste und bekannteste Werk Becketts. Es liegt in Übersetzungen in mehr als zwanzig Sprachen vor. Bis 1977 sind insgesamt über 400 000 Exemplare gedruckt worden.

Im Gegensatz zu den meisten Gegenwartsautoren hat Beckett auf einen Kommentar zur Entstehung bzw. zur Deutung seiner Werke fast ausnahmslos verzichtet. In einem Interview mit Colin Duckworth äußert er sich lediglich zweimal kurz zu *Warten auf Godot*: „Ich begann mit Godot [...], um mich zu entspannen, um von der gräßlichen Prosa wegzukommen, an der ich damals gerade schrieb." Und: „Wenn Sie nach der Quelle von *Warten auf Godot* suchen, lesen Sie doch *Murphy*." (Duckworth, S. 89)

b) Thematische Verwandtschaft mit anderen Werken

Daß *Warten auf Godot* — auch wenn es in vieler Hinsicht ganz für sich steht — thematisch mit dem übrigen Werk im engen Zusammenhang steht, ist mehrfach von der Forschung nachgewiesen worden. Vor allem wurde der Einfluß der Romane *Murphy, Watt* und der Romantrilogie betont, die alle ungefähr zur gleichen Zeit entstanden sind. Die Gemeinsamkeiten der Romane und Stücke aus dieser Periode, in denen sich die Helden auf frühere Helden beziehen, eine frühere Problematik oder gar eine frühere Gestalt weiterführen, sind deutlich genug. Es muß hier, in Anbetracht der Bedeutung dieser personellen und thematischen Verwandtschaft, kurz auf den Inhalt und auf die wichtigen Themen dieser Werke eingegangen werden, vor allem unter dem Aspekt einer Ermittlung möglicher Deutungsschlüssel zu *Warten auf Godot*.

c) „More Pricks than Kicks"

In der Figur Belacqua Shuah (*More Pricks than Kicks*, 1934) erkennt man bereits den Grundtypus aller Beckettschen Helden. Der Name Belacqua stammt nachweislich von der Figur gleichen Namens in der *Divina Commedia* Dantes. Dort wird jener wegen seines lebenslangen Zauderns und seiner Faulheit zum langen Warten in der Unterwelt verurteilt. Becketts Belacqua ist der Held der zehn Erzählungen, die ursprünglich als Episoden eines größeren Romans konzipiert waren. Er durchlebt Studium, Heirat und Tod mit der gleichen Verfremdung; den Sinn seines Lebens bezieht er aus seinen Phantasien und — wie die Akteure in *Warten auf Godot* — aus ritualisiertem Nichtstun. Die Kurzgeschichte *Dante und der Hummer* beschreibt die rituelle Vorbereitung einer — für den normalen Leser — abstoßenden Mahlzeit: hier schon tritt das fanatische Interesse am scheinbar belanglosen äußeren Detail zum Vorschein, das das verfremdete Innenleben der späteren Helden Becketts kennzeichnet. Auch bereits durch seine äußere Gestalt liefert Belacqua ein Muster — das später immer wieder vorkommt — in Form seines komischen, hinkenden Ganges. Dieser Gang ist symptomatisch für den physischen Zerfall, den viele der Beckettschen Helden erfahren und der fast stereotyp bei den Beinen und Füßen anfängt (vgl. Wladimirs Gang „mit kurzen, steifen Schritten" oder Estragons ewiger Ärger mit seinen Schuhen).

d) „Murphy"

Der Held des Romans *Murphy* (1938) stellt eine Weiterentwicklung Belacquas dar. Er ist beschrieben worden als „der Prototyp für Watt, Moran, Molloy und Malone" (Barnard, S. 9). Diese Liste ließe sich sicherlich mit einiger Einschränkung durch Wladimir und Estragon erweitern. Der Bericht der verzweifelten und mißlungenen Versuche Murphys, rechtmäßige Arbeit und überhaupt jede sonstige Berührung mit der Umwelt zu vermeiden, stellt das Leben eines Schizophrenen dar, der die wirkliche Welt mit seiner introvertierten Phantasieexistenz nie versöhnen kann (zur Frage der Schizophrenie im Werk Becketts vgl. die Studie von G. C. Barnard). Diese fast unüberbrückbare Kluft zwischen Individuum und Umwelt läßt sich im übrigen Werk fast durchgängig aufweisen und findet vielleicht die letztlich konsequenteste Darstellung in *Warten auf Godot*. — Der Roman *Murphy* endet mit dem belanglosen Tod seines ‚Helden‘ im Schaukelstuhl. Hier — wie für das künftige Werk — erscheint der Tod als gleichermaßen banal und sinnlos wie das Leben, das auf ihn zutreibt.

Auch stilistisch sind gewisse Züge von *Warten auf Godot* hier vorweggenommen. Die parallele, fast simultane Darstellung des Komischen und des Ernsthaften, das oft an das Philosophische grenzt, prägt den Stil des Romans. Auch die Darstellung eines menschlichen Schicksals mittels des Banalen, der Trivialität in einer irrationalen Umwelt weist voraus auf die Zeichnung der Landstreicher Wladimir und Estragon im Drama. Das Groteske als Mittel von Stil *und* Darstellung und als Ausdruck einer verfremdeten, rational nicht mehr zu begreifenden Welt, tritt hier deutlich zum Vorschein. Und das zeitlose und raumlose Warten — symbolisiert durch den ewig sich schaukelnden Murphy — ist schon hier von Anfang an das Hauptthema, auf das der Text immer wieder zurückkommt. Konkreter: Murphys „posture utérine" nimmt später auch Estragon an. Entsprechend ist die schizophrene Darstellung des ‚Helden‘, die von Beckett hier vorgezeichnet wird, von der Forschung auf die unzertrennlichen Paare Wladimir / Estragon und Pozzo / Lucky übertragen worden.

e) „Watt"

Die gleiche Thematik und eine ähnlich groteske Darstellungsweise werden im Roman *Watt* (1942—1947 entstanden, 1953 erschienen) weitergeführt. Die äußerliche Verwandtschaft des ‚Helden‘ mit dem Belacqua-Prototyp — Watt ist auch ein leicht angeschmutzter, hinkender „Intellektueller" — entspricht den existenziellen Gemeinsamkeiten. Die Existenzform Watts ist jedoch eine noch extremere.

Die ersten Seiten des Romans beschreiben den Weg Watts zum Haus des Mr. Knott, wo er als Koch und Diener arbeitet. Über seinen Herrn weiß er fast nichts, und es dauert lange, bis er ins begehrte erste Stockwerk ‚befördert‘ wird (eine Parallele zum Landvermesser in Kafkas *Schloß* kann man kaum übersehen). Auch der ominöse Mr. Knott trägt deutliche Züge des Godot; der Name ist ebenfalls ein Wortspiel mit dem englischen Wort „not". Der fanatische aber sinnlose Zeitvertreib derer, die auf ihn warten bzw. für ihn arbeiten, bildet letztlich den Anfang und das Ende des „menschlichen" Lebens, wie es im Roman dargestellt wird. Watts Welt ist eine völlig irrationale, jeder Sinnhaftigkeit entleerte. Er kann sie — wie Belacqua und Murphy — nur durch den Ertrag seiner Phantasie und durch geschäftiges Nichtstun bestehen. Die Figur des Watt besitzt eine deutliche physiologische Ähnlichkeit mit der des Lucky (Barnard, S. 93). Diese Ähnlichkeit manifestiert sich weiter im Sprachlichen. Der Befund, daß eigentlich nichts passiert — wie auch in *Warten auf Godot* — wird hier über 475 Seiten ausgedehnt, über eine Unzahl von Exkursen, die etwa Wladimirs Schuhspiel oder das Spiel mit den Rüben vorwegnehmen.

f) Die Romantrilogie. „Mercier und Camier"

Die Romantrilogie *Molloy*, *Malone stirbt* (*Malone meurt*) und *Der Namenlose* (*L'Innommable*) ist etwa zur gleichen Zeit wie *Warten auf Godot* entstanden. Die Weltsicht, die in diesen Romanen in breiter Durchführung bis ins Extremste ausgeführt erscheint, entspricht in ihren wesentlichen Zügen der grundlegenden

Weltsicht, die das Stück in zwei Akten demonstriert. Der Zeitlosigkeit des Wartens entspricht zunächst — in *Molloy* — eine logisch nicht mehr gebundene und wirre Chronologie, die sich bis zum Ende des dritten Romans zur völligen Auflösung aller objektiven Zeitverhältnisse hin entwickelt. Auch die meisten Themen und Motive des Stückes sind in den Romanen angelegt. Der Selbstmordversuch (Molloys etwa) ist ein beliebtes Gesprächsthema Wladimirs und Estragons. Der physische Zerfall der Beine, Füße und Zehen findet die extremste Darstellung im ganzen bisherigen Werk Becketts in der Gestalt Molloys, dessen geistige Kräfte mit den Gehkräften gleichgesetzt werden.

Dem Spielraum des verlassenen, freien Feldes in *Warten auf Godot* entspricht eine Reihe von freien Feldern und Stränden, über die Moran, Molloy und MacMann wandern. Auch die pedantische Fixierung auf kleine Gegenstände und irrelevante Fragen ist ein gemeinsamer Faktor: wo Estragon in seinen Taschen Rüben sammelt, sammeln die Romanfiguren alle möglichen Utensilien, die sie dann sorgfältig zählen, hin und her drehen, zusammenwerfen usw. Am Beispiel dieser Tätigkeiten lassen sich auch zahlreiche konkrete Paradigmen für die ästhetische Vermittlung des Mythos einer sinnentleerten, ziel- und orientierungslosen Gegenwart ablesen. Einer Gegenwart, der das Dasein fehlt, aber keinesfalls die Verzweiflung an der Frage nach dem Sinn, die zum Gestus erstarrt: so möchte Molloy, als er sich verirrt hat, der klassischen Gefahr eines Kreiswegs entgehen und beschreibt absichtlich Kreise in der Hoffnung, geradeaus ans Ziel zu gelangen.

Auf den Inhalt dieser Romane weiter einzugehen, erübrigt sich an dieser Stelle. Der Befund wichtiger gemeinsamer Darstellungselemente im Rahmen einer nahezu identischen Weltsicht mag genügen. Alle Figuren bemühen sich letztlich darum, für das Ich in einer irrationalen Welt der *Leere* einen Sinngehalt zu finden. Bemerkenswert ist aber ein grundsätzlicher Unterschied. Für Wladimir und Estragon (wie für Belacqua, Watt und Murphy) kann die Suche nach Bedeutung nur passiv stattfinden: durch Nichtstun, im Warten und in der Resignation. Die Suche der Figuren in der Romantrilogie weist auf der anderen Seite — bei grundsätzlich gleichem Ziel — eine geradezu fanatische Aktivität auf. Während Wladimir und Estragon an den Ort ihres Wartens gebunden sind, zum ewigen Warten verurteilt, sind die Malone-Figuren zum ewigen Herumirren, einem ständigen Ortswechsel, zum Wandern verdammt. In diesem Sinne bieten die Trilogie und *Godot* ein komplementäres Bild der absurden menschlichen Situation, das den Höhepunkt von Becketts Schaffen darstellt.

Der Roman *Mercier und Camier* (entstanden 1945, publiziert 1970) ist in vieler Hinsicht eine Vorwegnahme der Themen, Figuren und ihrer Konfiguration in *Warten auf Godot*. Das Paar Mercier und Camier wird von Colin Duckworth einleuchtend mit dem Paar Wladimir und Estragon verglichen (Duckworth, S. 90 ff.).

g) „Endspiel"

Das Bühnenstück *Endspiel* (*Fin de partie / Endgame*, 1956) gilt, nach *Warten auf Godot*, als das wichtigste Werk Becketts. Die grundsätzliche Thematik ist die gleiche, sie wird aber innerhalb eines strengeren Rahmens durchgeführt. Vor allem fehlt hier zum großen Teil die humoristische, fast liebenswürdige Darstellungsweise, die viele Leser bzw. Zuschauer anspricht: *Endspiel* ist bitterernst und grausam, trotz aller absurdistischen Verspieltheit. — Es geht auch hier um ein unzertrennliches Paar von Akteuren, Hamm und Clov, und um ein zweites Paar, Nagg und Nell. Die Zeitlosigkeit des Stückes gemahnt an *Warten auf Godot;* das Ortsgebundensein der menschlichen Existenz ist hier allerdings noch extremer: Nagg und Nell wohnen in Mülltonnen — sie dürfen herau*sschauen,* aber nicht herau*ssteigen* —; der blinde Hamm wohnt in seinem Stuhl, der auf Röllchen gleitet. Nur Clov hat Bewegungsfreiheit, und auch diese ist extrem begrenzt, zunächst physiologisch durch seinen „steifen, wankenden" Gang, dann emotional durch die absolute Tyrannei Hamms. Die physische Isolierung — in *Warten auf Godot* symbolisiert durch eine verlassene Landschaft — ist für Hamm und Clov noch extremer. Sie sind eingeschlossen in einem trüb beleuchteten „Innenraum ohne Möbel" mit zwei hoch gelegenen, zugehängten Fenstern. Clov schaut hin und wieder auf Hamms Befehl zu diesen Fenstern heraus; hierzu muß er auf eine Leiter steigen. Diese Aktion scheint der einzige Kontakt mit der Außenwelt zu sein — einer Welt, die, allen Mitteilungen Clovs nach, leer und tot — „beendet" also — daliegt. „Die Beckettschen Situationen, aus denen sein Drama sich komponiert, sind das Negativ sinnbezogener Wirklichkeit." (Adorno 1, S. 205)

Dem Zustand der äußeren Leere entspricht die innere, die das Verhältnis Hamm / Clov kennzeichnet. Von den sinnlosen Befehlen Hamms abgesehen, sprechen sie fast ausschließlich darüber, daß Clov — der verzweifelt unglücklich ist — Hamm verlassen will. Dies bringt er aber offenbar nicht fertig: er ist absolut gebunden an ihn, teils durch die Umstände, vor allem aber durch Mitleid, durch Dankbarkeit, durch Gewohnheit: „Aber ich fühle mich zu alt und zu weit weg, um neue Gewohnheiten annehmen zu können." Er kann ihn trotz aller Qual nicht verlassen, und seine Worte „Ich werde dich verlassen" erinnern an die Worte Estragons, „Gehen wir!" — die nur das weitere Warten indizieren.

Das Thema des *Endens* entspricht in diesem Stück dem des *Wartens* in *Warten auf Godot.* Es wird in dem ersten Satz Clovs eingeführt: „[. . .] Ende, es ist zu Ende, es geht zu Ende, es geht vielleicht zu Ende." (I, S. 104) Und weiter: Clov: „Wie soll das enden? Hamm: Möchtest du, daß es endet?" (I, S. 144). Das „es" bezieht sich hier auf eine endzeitliche Welt, die nur ein graues Meer ist, sowie auf das menschliche Verhältnis, das schon lange in der Substanz beendet ist, aber im Ritual, im äußerst manipulativen „Spiel" weitergeführt wird. Das tragische *Potential* und die menschliche Substanz des Stückes liegen aber natürlich nicht im *Ende,* sondern in der Unfähigkeit, das Ende zu akzeptieren. Ihr letztmöglicher Ausdruck ist die permanente Verzweiflung: „Die prästabilierte Harmonie von Verzweiflung herrscht zwischen den Formen und dem residualen Inhalt des Stücks." (Adorno 1, S. 223)

II. Wort- und Sachkommentar

1. Der Titel

Bereits der Titel enthält *in nuce* die Handlung des Stückes. Das Wort *Warten* ist eine nicht ganz genaue Übersetzung des französischen *en attendant* — hier wäre nicht der Infinitiv, sondern das Partizip Präsens korrekt: *wartend.* Der Name *Godot* ist zur Genüge spekulativ und wissenschaftlich erforscht worden; einige Herleitungsversuche für seinen Ursprung wären etwa:

1. Die französische Diminutivendung *-ot* zusammen mit dem englischen Wort ‚*God*‘;
2. „eine umgangsirische Form ‚Godo‘ für ‚God‘“;
3. französisch ‚godailler‘ (= viel essen und trinken);
4. französisch ‚godenot‘ (= ein böser, kleiner Mann);
5. französisch ‚godichon‘ (= tölpelhaft, ungeschickt);
6. umgangssprachlich französisch ‚godasse‘ und ‚godillot‘ (= Schuh oder Stiefel);
7. eine Figur in Balzacs *Mercandet* namens Godeau, auf die andere immer warten (Esslin);
8. ein Radfahrer Godeau (Kenner).

(Die Herleitungen werden bei Schoell [2, S. 27] zusammengefaßt.)

Man müßte Schoells Klassifizierung dieser Versuche als „zum Teil weit hergeholt“ beistimmen. Schließlich ist es — wie auch Schoell betont — viel weniger wichtig, *auf wen* man wartet, als *wie* und *daß* man wartet. Nach wie vor scheint die Anspielung auf das englische ‚God‘ am glaubwürdigsten; diese Interpretation läßt sich auch am ehesten durch den Text stützen.

2. Die Bühnenanweisungen

Bereits in der ersten Pantomimen-Szene Estragons erweisen sich die Bühnenanweisungen in diesem Stück — viel mehr als im Normalfall — als äußerst bedeutsam. Gerade weil die Handlung so übermäßig von Gegenständen und Pantomimen abhängig und der Dialog selber oft äußerst banal und repetitiv ist, erfüllen die Bühnenanweisungen stellenweise eine ebenso wichtige — manchmal noch wichtigere — Funktion als der Dialog.

Rein mengenmäßig fallen die Bühnenanweisungen von vornherein auf. Oft — wie in der ersten Szene — stehen sie in langen Absätzen ganz für sich, ohne Dialog (vgl. etwa S. 23 f., 59, 75); oft werden sie fast unzertrennlich mit Bruchstücken des Dialogs gemischt (etwa S. 26 f., 33, 41, 77). Als Beispiel hierfür folgende Stelle:

„[...] *Pause.* Um diese Jahreszeit. *Pause.* In diesen Breiten. *Pause.* Bei schönem Wetter. *Seine Stimmung beginnt zu schwingen.* Vor einer Stunde *er schaut auf seine Uhr, prosaisch* ungefähr *wieder lyrisch* nachdem er uns seit *er stockt, spricht prosaisch weiter* sagen wir: 10 Uhr morgens *wieder lyrisch* unermüdlich [...]“ (41).

In sehr vielen Fällen hängt der Sinn einer Szene ganz eindeutig nicht von der Sprache, sondern von den ausführlich beschriebenen Gesten der Akteure ab.

3. Der erste Akt

I.1

S. 9: *Ein Baum:* das einzige Bühnenrequisit, das als tragendes Element des folgenden Dialogs fungiert. Wird immer wieder erwähnt und dient als Symbol für das Vergehen der Zeit (indem er Blätter treibt), für die Existenz der Natur, für eine lange Reihe von biblischen Anspielungen (als Kreuz etwa) sowie für die mehrfach beschworene Möglichkeit eines Selbstmordes. — *Estragon:* Name einer Gewürzpflanze, offensichtlich ohne weitere Bedeutung. — *seinen Schuh:* das Requisit, das Estragon am meisten und immer wieder beschäftigt. Der Schuh Estragons hat bei Wladimir ein Gegenstück in Form seines Huts; bei Pozzo entspricht dem die Peitsche, bei Lucky der Strick. — *Wladimir:* Wieder — ausnahmsweise für das Werk Becketts — ein Name ohne offensichtliche weitere Bedeutung. Im Manuskript hieß Wladimir auch „Herr Albert" und „Lévy".

I.2

S. 12: *Einer von den Schächern wurde erlöst:* Wladimir führt hier das Gesprächsthema ein, das dann S. 13 f. weiter ausgeführt wird. Er bezieht sich auf die ersten vier Bücher der Bibel, auf *Matthäus, Marcus, Lucas* und *Johannes* also, von denen nur Lucas berichtet, daß einer der zwei Diebe, die mit Jesus gekreuzigt wurden, auch erlöst wurde.

S. 17: *auf das Universum zeigend:* die erste der vielen kosmischen Gesten, mit denen Wladimir und Estragon ihre Umwelt bezeichnen (daß sie „zum Himmel schauen", kommt mehrfach im Text vor).

S. 18: *Mit allen Folgen. Da, wo es hinfällt, wachsen Alraunen. Darum schreien sie, wenn man sie ausreißt.:* Wladimir bezieht sich auf gewisse physiologische Effekte am Körper eines Gehängten, die für den weit verbreiteten Aberglauben Anlaß gaben, daß Alraunen unterhalb eines Galgens wachsen.

S. 19: *Gogo leicht — Ast nicht brechen — Gogo tot.* etc.: Estragons Angst vor einer unbeabsichtigten Trennung drückt sich hier in plappernder Kindersprache aus. — Ein beliebtes Spiel Becketts.

I.3

S. 26 f.: *(Pozzo) Sehen Sie, meine Freunde, ich kann nicht lange auf die Gesellschaft von meinesgleichen verzichten [...] Selbst dann nicht, wenn sie mir nur unvollkommen gleichen.:* Diese Stelle wird oft zitiert von denen, die für die Gleichsetzung Pozzo = Godot = Gott plädieren.

S. 34: *Atlas, Japetos' Sohn!:* Ein für Pozzo typischer bombastischer Ausdruck. Atlas, einer der Titanen, die gegen Jupiter rebelliert hatten, bekam die Aufgabe, den Himmel auf seinen Schultern zu tragen. (im frz.: „Atlas, fils de Jupiter!")

S. 36: *Wird es denn gar nicht Nacht?:* Die Frage gewinnt im Laufe des Stückes immer mehr Gewicht, denn je öfter sie gestellt wird, desto mehr steht die Zeit still. „Nacht" wird gleichgesetzt mit einer vorläufigen Unterbrechung des Wartens. — *einen Knuck:* Das Wort „Knuck" (= Lucky) ist vom Autor erfunden und bedeutet ‚ein lächerlicher Sklave' oder ‚Hofnarr' in modernen

Zeiten (S. 37). Brée erwähnt die Ähnlichkeit mit dem russischen *knut* (= Peitsche) (Brée, S. 38).

S. 38: *Am Ende des Ganges links:* = die ,klassische' Ortsangabe für die Toilette.
— *Bruyère / Rotzkocher / Abdullah:* Es geht hier in allen Fällen um Pozzos Pfeife. —
Pozzo   Sie hätten ihn [Wladimir] *zurückhalten sollen.*
Estragon Er hat sich selbst zurückgehalten.: im französischen hängt dieses Wortspiel an den Verben *retenir* (jemanden zurückhalten) und *se retenir* (sich zusammennehmen): es geht um Wladimirs Blase.

S. 39: *Pan:* der griechische Halbgott der Hirten, mit den Beinen und Hörnern eines Ziegenbocks, der eine Flöte spielt — ein Symbol für das universale Leben und die Freude an der Natur. Wenn „Pan schläft", dann steht die Natur buchstäblich still.

S. 40: *(Pozzo)   Aber es wird Zeit, daß ich Sie verlasse, wenn ich nicht zu spät kommen will.:* Hier vielleicht ein textuelles Indiz für eine mögliche Gleichsetzung Pozzos mit Godot — Pozzo deutet darauf hin, daß andere irgendwo auf *ihn* warten.

S. 41: *Catull:* Estragons Hinweis auf den römischen Dichter erinnert an seine frühere Behauptung, er selber sei einmal Dichter gewesen (S. 12). — *auf dieser verfluchten Erde:* im Französischen: „sur cette putain de terre". Buchstäblich: „auf dieser Hure, der Erde".

S. 44: *Farandole, Branle, Gigue, Fandango, Hornpipe:* Verschiedene Volkstänze. — *die Almée:* bezieht sich auf eine ägyptische Tänzerin, die gleichzeitig singt (Brée, S. 47).

S. 46: *Poinçon, Wattmann:* erfundene Namen für Wissenschaftler. Poinçon vom Verbum *poinçonner* bzw. *poinçon:* = Meißel bzw. meißeln etc.; Wattmann = Straßenbahnfahrer (Brée, S. 51). — *Athambie:* der Verlust der Emotionen. — *Aphasie:* der Verlust des Sprachvermögens.

S. 47: *Miranda:* die unschuldige, naive Tochter Prosperos in Shakespeares *Tempest*. — *Akakakakademie — Anthropopopometrie:* die Wortspiele haben im Deutschen wie im Frz. den gleichen Effekt. (Die Doppelbedeutung fehlt aber im Englischen.) — *Testu und Conard:* diese Namen beziehen sich auf die männlichen Geschlechtsorgane. — *Fartov und Belcher:* die Namen spielen an auf die englischen Vulgärbegriffe für ,Blähung' und ,Rülpser'.

S. 48: *Rhein Rhein und Ruhr Rhein und Main* etc.: im Frz.: „Seine Seine-et-Oise Seine-et-Marne Marne-et-Oise" — Ein Wortspiel ohne geographische oder sonstige Bedeutung. — *Gottscheds Tod:* im Frz., „la mort de Voltaire". — *Oldenburg:* = Normandie. — *Steinweg und Petermann:* offenbar ohne weitere Bedeutung.

I.6

S. 57: *Aber da unten war's warm! Es war schön!:* Wladimir streitet den Vergleich Estragon/Jesus ab, indem er auf die klimatischen Unterschiede hindeutet. „Da unten" (= in Jerusalem also) sei es warm genug gewesen, daß man barfuß laufen konnte, hier aber nicht.

S. 58: *Rhein:* im Frz. „La Durance" — ein kleiner Nebenfluß zur Rhône in Südfrankreich, in der Gegend der Vaucluse.

4. Der zweite Akt

II.1

S. 60: *Ein Hund kam in die Küche* etc.: „Un chien vint dans l'office ...". Der immer wiederkehrende Refrain sowie der Unsinn des Liedtexts entsprechen dem größeren Ablauf des Spiels.

II.2

S. 61: *Wladimir verliert seinen Schwung:* im Frz.: „Vladimir suspend son vol": ein aufgeblasener Ausdruck, der im Frz. auf das Gedicht Lamartines anspielt, das alle Schulkinder lernen: „O temps, suspends ton vol!" etc. (Brée, S. 67)

S. 64: *Breisgau/Scheißgau:* eine sehr geschickte Übersetzung von *Vaucluse/Merdecluse.* Die Vaucluse ist das Département, in dem Beckett während des Krieges (im Dorf Roussillon) gelebt hat. — *Guttmann in Dürkweiler:* im Frz.: „Bonnelly, à Roussillon" (vgl. oben). — *Da leuchtet alles so rot:* „Rot" bezieht sich hier offenbar auf die rötliche Erde in der Vaucluse; möglicherweise auch auf die politischen Ideen der Bevölkerung dort.

S. 73: *Estragon steckt seinen Kopf zwischen die Beine:* Im Frz.: „Il prend une posture utérine, la tête entre les jambes." Das spezifisch Foetale kommt im Deutschen weniger klar zum Ausdruck. — Wladimirs Melodie, „Schlafe mein Prinzchen" hat im Französischen keine Worte, sondern:

> Do do do do
> Do do do do
> Do do do do

etc. Die Ähnlichkeit mit (Go)*dot* fehlt im Deutschen.

S. 77: *Plateau:* Das Wort ‚plateau' hat im Frz. eine dreifache Bedeutung: 1) ein geographisches Plateau, 2) die Bühne und 3) ein Präsentierteller. Im Frz.: „En effet, nous sommes sur un plateau. Aucun doute, nous sommes servis sur un plateau."

S. 80: *den Baum machen:* eine Körperübung (= „Faire l'arbre"), bei der man die Arme ausstreckt, die Augen schließt und auf einem Fuß balanciert.

II.3

S. 85: *Emsland:* im Frz. „l'Ariège", ein Département im Baskenland, zwischen Andorra und Spanien.

S. 88: *Abel! Abel! — Kain! Kain!:* Ein weiterer biblischer Hinweis (auf die zwei Söhne Adams und Evas also, von denen Kain den Bruder Abel umgebracht hat), dessen Deutung offen steht.

S. 90: *Karyatiden:* Statuen, die als tragende Pfeiler eines Gebäudes dienen. — *Memoria praeteritorum bonorum:* Erinnerung an vergangenes Glück.

S. 91: „*Planke*": (= „la Planche"). Diese Bezeichnung erinnert wieder an die Feststellung Wladimirs, auf beiden Seiten sei ein „Abhang", und sie seien auf dem „Präsentierteller". Sonst bleibt die Bedeutung einer Planke, eines Bretts also, unklar. Denkbar wäre eine Anspielung auf die Bühne.

II.5

S. 96: *Herr Albert:* In dem ursprünglichen Manuskript hieß Wladimir „Monsieur Albert", dann auch „Lévy". (Vgl. hierzu Duckworth, S. 103 ff.)

III. Struktur des Textes

1. Allgemeiner Überblick

Warten auf Godot besteht aus zwei ungefähr gleichlangen Akten, eine formelle Szeneneinteilung fehlt. Die zwei Akte sind formal und inhaltlich fast identisch: der Ort, die Zeit, der Dialog, der Auftritt und Abgang der Personen ändern sich bestenfalls nominell. Der symmetrische Aufbau hängt eng mit der Substanz des Stückes zusammen: „Wenn Beckett gesagt haben soll, für *En attendant Godot* sei ein Akt zu wenig, drei Akte zuviel gewesen, so meinte er damit, daß gerade die einfache Wiederholung die ewige Wiederholbarkeit am besten zum Ausdruck bringt." (Schoell 2, S. 9)

Es lassen sich, wenn man von der klassischen Definition des Szenenwechsels ausgeht (d. i. durch das Auf- oder Abtreten einer Person), in beiden Akten sechs einander entsprechende „Szenen" feststellen. Dieses Schema wird der folgenden Analyse der Spielstrukturen zugrundegelegt:

I. Akt: 1. Estragon (9)
2. Estragon und Wladimir (9—23)
3. Estragon und Wladimir; Pozzo und Lucky (23—52)
4. Estragon und Wladimir (53 f.)
5. Estragon, Wladimir, der Junge (54—57)
6. Estragon und Wladimir (57—59)

II. Akt: 1. Wladimir (59 f.)
2. Wladimir und Estragon (60—80)
3. Wladimir und Estragon; Pozzo und Lucky (80—94)
4. Wladimir und Estragon (94—96)
5. Wladimir, Estragon, der Junge (96 f.)
6. Wladimir und Estragon (97—99)

Die Symmetrie der beiden Akte ist ganz evident. Höhepunkt und Kernstück der Akte bilden jeweils die zweite und dritte Szene, in der erst Wladimir und Estragon allein, dann auch Pozzo und Lucky erscheinen. Die kürzeren Szenen entsprechen sich in der Länge und zum Teil fast wortwörtlich in der Handlung. Der einzige Vorgang des ersten Aktes, der im zweiten Akt kein direktes Gegenstück besitzt, ist der Denk-Monolog Luckys. In diesem Sinne bildet diese Szene — die in der genauen arithmetischen Mitte des Stückes steht — strukturell einen wichtigen Orientierungspunkt.

Zunächst läßt sich feststellen, daß von „Handlung" im traditionellen Sinne hier kaum die Rede sein kann. Die Aussage des Stückes hängt gerade mit der Tatsache zusammen, daß nichts eigentlich geschieht: der Kern der Handlung ist das Nichthandeln. Hauptfiguren sind die Landstreicher Wladimir und Estragon, die unter einem Baum neben einer verlassenen Landstraße sitzen: Sie warten auf Godot. Sie wissen weder *wer* „Godot" ist, noch *warum* sie auf ihn warten sollen, noch überhaupt ob sie am richtigen Ort warten. In der Mitte des ersten Aktes erscheint ein weiteres Paar: Pozzo, ein tyrannischer Clown, der seinen Gepäckträger Lucky wie einen Hund an der Leine führt. Dies ist, in seiner Bedeutungslosigkeit für das „Warten auf Godot", spieltechnisch ein wesentlicher Einschnitt: der letztlich einzige konkrete Einbruch, der in beiden Akten sich wiederholt. Estragon hält am Anfang Pozzo für Godot, diese Annahme wird durch den Text weder eindeutig bestätigt noch klar widerlegt. Die beiden Paare streiten sich über Pozzos unmenschliche Behandlung des Lucky: Lucky wird dann von Pozzo, um die Zeit zu vertreiben, zum „Laut-Denken" aufgefordert (S. 46—49). Pozzo und Lucky verabschieden sich. Ein Junge — der Bote Godots — erscheint und berichtet, Godot werde nicht heute, sondern morgen kommen.

Im zweiten Akt hat sich wenig verändert (nur der Baum trägt jetzt einige Blätter). Wladimir und Estragon erscheinen wieder, alle Spiele des ersten Aktes werden wiederholt, ohne daß die Akteure sich wirklich daran erinnern könnten. Pozzo und Lucky treten an entsprechender Stelle wieder auf: hier erweist sich die Parallelität der Spielstruktur als symbolisch für das Ritual des Wartens. Hierdurch und durch den Dialog wird klar, daß jede Handlung nur eine von unzähligen Wiederholungen ist. Denn, auch wenn sie vorgeben, sich nie gesehen zu haben, kennen sich alle schon lange, und Wladimir und Estragon warten schon „seit fünfzig Jahren". Sprachlich ist der zweite Akt gedrängter und knapper, viele Äußerungen sind auf ein oder zwei Wörter reduziert. Nachdem Pozzo und Lucky abgegangen sind, erscheint der Junge wieder, um die gleiche Nachricht zu bringen wie im ersten Akt. Wladimir und Estragon überlegen, ob sie sich nicht doch trennen sollen. Dann, ob sie sich nicht umbringen sollen, wenn morgen Godot abermals nicht erscheint. Am Ende (wie am Anfang) sagt Estragon, „Gehen wir!", und sie „gehen nicht von der Stelle". Der Ausgang des Stückes verweist klar auf seinen Anfang. Die grundsätzlich zyklische Struktur, die auf Parallelität, Wiederholung und Ritual beruht, öffnet sich zu einem Neuanfang hin.

2. Der erste Akt

I.1 Der Schauplatz für das ganze Stück ist eine „Landstraße. Ein Baum. Abend." Die erste Szene beider Akte bildet jeweils ganz analog die Pantomime einer Figur, die dann im Laufe dieses Aktes die Bühne nicht verläßt.

I.2 Wladimir erscheint. Estragons Worte hier — die ersten des Stückes — dürften als paradigmatisch für den Inhalt des ganzen Stückes gelten: „Nichts zu machen." — Das meint er in bezug auf seine Schuhe, Wladimir überträgt es aber gleich auf die allgemeine Lage. Wladimirs Gang — „Er nähert sich auf gespreizten Beinen, mit kurzen, steifen Schritten" (9) — erinnert an die Gangart, die Becketts Helden immer wieder kennzeichnet. Wladimir erscheint überrascht und erfreut, Estragon wiedergefunden zu haben. Das freudige Rendezvous erweist sich im Laufe der Handlung als Ritual, das die Spielstruktur wesentlich beeinflußt, denn Wladimir und Estragon — zwei Landstreicher, die seit „fünfzig Jahren" sehr aneinander hängen — „finden" sich offensichtlich jeden Abend wieder.

Estragon setzt sein anfangs begonnenes Spiel mit den Schuhen — die ihm sehr wehtun — verzweifelt fort. Wenn er um Hilfe fleht, macht ihn Wladimir darauf aufmerksam, daß auch *er* leidet (er bezieht sich hier offenbar auf den Ursprung der komischen Gangart). Estragon erwidert, es bestehe trotzdem kein Grund, seinen Hosenlatz offenzulassen. (10) — Diese Stelle ist die erste in einer langen Reihe von Witzen über Wladimirs und Estragons physische Gebrechen oder über ihren überwältigenden Körpergeruch — weitere Beispiele etwa S. 20, 38, 61 f., 92.

Im zweiten Auftritt des ersten Akts vollzieht sich nicht nur die erste Kontaktaufnahme der Akteure mit dem Publikum (14), ein zugleich lustspielhaftes und verfremdendes Element, sondern es werden wesentliche Themen des Stückes erstmals freigelegt. Auf Estragons Aufforderung zu gehen, antwortet Wladimir, daß sie nicht gehen „können", denn sie „warten auf Godot". Estragon akzeptiert diese Antwort zwar, ist sich jedoch nicht sicher, ob dies der richtige Ort ist (14). Der rituelle Aspekt des Wartens wird hier erstmals in die Handlung eingebracht — dieser Dialog wiederholt sich durch das ganze Stück und hat wesentliche strukturbildende Funktion —, zudem auch das Problem der Erkenntnisunsicherheit der Handelnden, das die Spielstruktur entscheidend beeinflußt. Wladimir und Estragon sollen zwar „vor dem Baum" warten — sie wissen aber nicht, vor welchem Baum. Die Funktion des Requisits — das dann im zweiten Akt zu grünen beginnt und dadurch die Relativität empirischer Zeitabfolge weiter unterstreicht — für den Spielablauf manifestiert sich bereits an dieser Stelle: es bleibt unberührt von der Zeit- bzw. Erkenntnisunsicherheit der menschlichen Akteure, ein Fixpunkt des Ortes, dem aber letztlich nicht zu trauen ist. Weder die Jahreszeit (15) noch den Wochentag (16) wissen die Landstreicher zu bestimmen, Ratlosigkeit und Zeitlosigkeit entsprechen einander als integrale Elemente der Spielstruktur. Daneben tritt als dynamisches Element und als Ausdruck dieses Bewußtseins das Spiel, das die Zeit vertreiben soll: Wladimir beginnt, in seinen Taschen zu wühlen, und sein sinnloses Spiel überlagert sich der grundsätzlich ‚sinn'-losen Ausgangsposition. Hiermit sind die wesentlichen Komponenten der Struktur eingeführt. Die sich wiederholende Pantomime der Akteure dient letzten Endes nur der bekräftigenden Reinszenierung dieser Ausgangssituation.

I.3 Auch der Auftritt Pozzos und Luckys wird durch eine lange Pantomime eingeleitet. Pozzo führt Lucky an einer Leine vor sich her und treibt ihn mit einer langen Peitsche. Der Strick ist sehr lang — Pozzo erscheint erst, wenn Lucky schon mitten auf der Bühne steht. Lucky — der schwer mit Gepäck beladen ist — geht zunächst an Estragon und Wladimir vorbei, Pozzo reißt ihn grob mit dem Strick zurück und schaut sich die „Fremden" interessiert an. Wladimir und Estragon betrachten Lucky, und Wladimir bemerkt mit Entsetzen, daß dessen Hals von dem Strick wund gerieben ist. Die stereotype Äußerung Estragons hierzu: „Nichts zu machen." (28) Sie gelangen zu dem Schluß, er sei entweder ein „Idiot" oder ein „Kretin". Als sie ihn ansprechen wollen, befiehlt ihnen Pozzo, ihn in Ruhe zu lassen.

Wladimir greift Pozzo wegen seiner unmenschlichen Behandlung von Lucky an: Pozzo gibt vor, er wolle — beleidigt und selbstgerecht — wieder gehen. Er läßt Lucky das Gepäck abladen, herkommen, seinen Stuhl etwas umrücken, und wieder auf seinen Platz gehen. Da Pozzo, der sich jetzt eine Pfeife angesteckt hat, offenbar doch bleibt, will Wladimir gehen, bis Pozzo ihn an Godot erinnert: „. . . was würde dann aus Ihrer Verabredung mit diesem . . . Gono . . . Godot . . . Gobo . . . [. . .]" (32). Estragon und Wladimir fragen dann, warum Lucky — der nach jedem Auftrag sich mit dem Gepäck wieder belädt — das Gepäck nicht absetzen darf. Pozzo antwortet an der Frage vorbei, die dann mehrfach wiederholt wird und endlich nur durch Estragons Mimik klar gemacht wird. — Hier verläßt sich der Text auf ein grundlegendes Prinzip der absurden Dialogform in den Bühnenwerken Becketts: eine Frage muß so oft gestellt werden, bevor der Befragte zuhört bzw. sie begreift, daß der Fragende dann die Frage wieder vergessen hat. Es kommt kaum zu einem kommunikativen Gespräch. Als Beispiel, etwa, nachdem die Frage schon mehrfach gestellt worden ist:

Wladimir Man hat Ihnen eine Frage gestellt.
Pozzo entzückt Eine Frage? Wer? Welche? [. . .]
Wladimir zu Estragon Ich glaube, daß er jetzt zuhört.
Estragon [. . .] Was?
Wladimir Du kannst ihn jetzt fragen. Er ist darauf gefaßt.
Estragon Was soll ich ihn fragen?
Wladimir Warum er sein Gepäck nicht absetzt.
Estragon Das frag ich mich auch.
Wladimir Frag ihn doch, los! (32)

Durch das Frage- und Antwortspiel wird Pozzo in das Ritual des Zeitvertreibs einbezogen. Hier scheint die Handlung zu einem Stillstand zu gelangen, denn Pozzo ist — im Gegensatz zu den Landstreichern — nicht auf dieses Ritual eingestimmt. Unvermittelt erreicht jedoch, gerade durch diese Unterbrechung, die Struktur des ersten Aktes hier ihren Höhepunkt, wenn Pozzo Lucky befiehlt zu denken (46). Auf den mehr als zweieinhalb Seiten langen ununterbrochenen Monolog Luckys ist die Forschung im Detail eingegangen (vgl. etwa Horst Breuer: Ordnung und Chaos in Luckys „Think"). Die Bedeutung der Rede ist für die Landstreicher eine grundsätzlich andere als für Pozzo: jene erleben sie als empfindliche Störung ihrer statischen Erkenntnisunsicherheit, dieser als eine Bedrohung des Abhängigkeits- bzw. Herrschaftsverhältnisses, das ihn mit Lucky verbindet. Alle fallen über den Denkenden her — dessen Monolog sich keineswegs als der erwünschte harmlose Zeitvertreib erwiesen hat — und Lucky muß sein Gepäck wieder aufnehmen. Nach einigem Hin und Her, das sich zum Spiel um Pozzos Uhr auszuweiten beginnt, treten beide ab.

I.4   Wladimir und Estragon, wieder allein auf der Bühne, stellen fest: „So ist die Zeit vergangen. — Sie wäre sowieso vergangen. — Ja, aber langsamer!" (53). Sie kommen wieder auf die Tatsache zurück, daß sie selber nicht gehen dürfen, denn sie warten eigentlich immer noch auf Godot. Wladimir bemerkt, wie sehr sich Pozzo und Lucky verändert haben, Estragon behauptet aber, sie nie vorher gesehen zu haben.

I.5   Aus den Kulissen spricht eine Stimme: „Mein Herr . . .". Beide schauen erwartungsvoll in die Richtung, und der Junge — ein „ängstlicher Knabe" — tritt auf. Er nähert sich zögernd, und Wladimirs Frage, ob er von Godot eine Nachricht bringe, bejaht er. Die Nachricht ist: Godot wird nicht heute, aber „bestimmt morgen" kommen. Der Auftritt des Jungen erweist sich abermals als ein Ritual, das die Zeitlosigkeit des Geschehens unterstreicht.

I.6   Jetzt ist es Nacht, der Mond geht auf. Wladimir drückt seine Hoffnung aus, daß es morgen besser gehen könnte, denn Godot würde morgen sicherlich kommen. Sie bedauern wieder, daß sie keinen Strick besitzen, um sich daran aufzuhängen. Sie reflektieren — wie auch gegen Ende des zweiten Aktes — über ihre lange Freundschaft („fünfzig Jahre, vielleicht") und denken an einen Tag, an dem Estragon in den Rhein gesprungen war und von Wladimir herausgezogen wurde. Stereotyp kommt die Frage auf, ob es nicht besser gewesen wäre, wenn sie sich getrennt hätten, aber „Jetzt lohnt es sich nicht mehr". Sie beschließen: „Gehen wir!" und „gehen nicht von der Stelle". (58)

3. Der zweite Akt

II.1 Der zweite Akt findet statt „Am nächsten Tag, um dieselbe Zeit, an derselben Stelle". Der Baum trägt inzwischen „einige Blätter". Der Akt beginnt abermals mit einer Pantomime, diesmal der Wladimirs.

II.2 Wladimir und Estragon „finden sich" wieder. Es wird wiederum vage angedeutet, daß „sie" Estragon in der Nacht wieder geschlagen haben: „Es waren zehn" (62). Sie sind sich auf jeden Fall darüber einig, daß sie mit dem Wiedersehen doch sehr zufrieden sind. Es kommt die unvermeidliche Frage, „Was sollen wir jetzt machen, da wir zufrieden sind?" und die Antwort, „Wir warten auf Godot". — „Ach ja." *Schweigen.* (63)

An diesem Punkt wird es dem Leser bzw. Zuschauer klar, daß es sich hier um eine fast genaue Wiederholung des ersten Aktes handelt. Der Dialog geht eindeutig in die gleiche Richtung: sie betrachten den Baum, Wladimir macht Estragon auf die Blätter aufmerksam und erinnert ihn daran, daß sie sich gestern daran fast aufgehängt hätten. Wieder wird die Zuverlässigkeit der Erinnerung in Frage gestellt: diesmal ist es Estragon, der sich an den vorigen Tag, an die Begegnung mit Pozzo und Lucky, nicht erinnern kann. Es wird wieder auf die gemeinsame Vergangenheit im Breisgau verwiesen; hieran kann sich Estragon ebenfalls nicht erinnern. Nur an den Fußtritt Luckys kann er sich vage erinnern, denn er hat dafür einen physischen Beweis in Form seines — jetzt entzündeten — Beines.

Der Dialog ist jetzt merkbar spärlicher; er vollzieht sich weniger in Sätzen als vielmehr in Bruchstücken. Stellenweise versagt die kommunikative Kraft der Sprache völlig. Ein kurzes Spiel ergibt sich aus dem Versuch, die genaue Farbe von Estragons Schuhen festzustellen (die Möglichkeiten rangieren von schwarz über grau und grün bis gelb — hier ein gutes Beispiel der Unzuverlässigkeit der Empirie im Stück). Sie wenden sich der Aufgabe zu, Estragons Schuh wieder anzuziehen, denn „dann vergeht die Zeit" (72). Diesmal sind die Schuhe nicht mehr zu klein, sondern zu groß; Estragon will sie aber trotzdem behalten. Er setzt sich auf seinem ursprünglichen Platz wieder hin, den Kopf zwischen den Beinen („une posture utérine").

Wladimir kommentiert, wie schnell die Zeit vergeht, „wenn man sich amüsiert". Um die Zeit weiter zu vertreiben, „bis er kommt" (80), — und vermutlich, um sich warm zu halten — machen sie Körperübungen, vor allem den „Baum", eine Streckübung, wobei sie natürlich zu dritt sind. Sie stehen — wie Gekreuzigte — mit geschlossenen Augen und ausgestreckten Armen da. Estragon schreit: „Gott hab Erbarmen mit mir!", worauf Wladimir verärgert erwidert: „Und ich?" — Estragon insistiert: „Mit mir! Mit mir! Erbarmen mit mir!" (80)

II.3 Auftritt Pozzos und Luckys. Pozzo ist diesmal blind, und Lucky trägt einen neuen Hut. Pozzo fragt, als Antwort auf Estragons Schrei, wer ihn gerufen habe. Estragon hält Pozzo hoffnungsvoll wieder für Godot. Sie stellen aber fest, daß es sich wieder nicht um Godot handelt, sondern nur um ihren „armen Pozzo" (81). Dieser hat seine frühere Überlegenheit eingebüßt und ist jetzt auf die Hilfe von Wladimir und Estragon angewiesen.

Wladimir und Estragon befragen Pozzo über seine Blindheit — ob er früher gute Augen gehabt habe, ob die Blindheit sehr plötzlich gekommen sei. Dann folgt ein kurzer und offenbar völlig belangloser Austausch über den Ort. Hier meint Estragon — und mancher Leser bzw. Zuschauer wird ihm wohl zustimmen — enttäuscht, „Wenn du das eine Ablenkung nennst." (91)

Wladimir, Estragon und Pozzo schauen dann nach Lucky, der sich nach einem Sturz nicht mehr bewegt hat und entweder tot ist oder schläft. Um seinen Zustand festzustellen, tritt Estragon hemmungslos auf ihn ein, verletzt sich dabei den Fuß und hinkt heulend weg, um wiederum eine „foetale" Position einzunehmen (92). — Wladimir möchte bestätigen, daß es sich jetzt um die gleichen Pozzo und Lucky handelt wie gestern; Pozzo kann sich aber nicht an ein Gestern erinnern und weigert sich, weiter darauf einzugehen (93). Als Wladimir insistiert, entschließt sich Pozzo entrüstet, zu gehen; er läßt Lucky die Peitsche und das Gepäck bringen. Wladimir bittet ihn verzweifelt, bloß eine Weile zu bleiben, damit Lucky für sie singen, denken oder rezitieren könnte. Pozzo teilt ihm mit, das sei unmöglich, denn Lucky sei stumm. Der Abgang Luckys und Pozzos — diesmal ohne einen ‚Denk'-Monolog — erweist, daß in der Wiederholung auch diese Zerstreuung einen Teil ihres Reizes verliert.

II.4 An Wladimirs Mienenspiel sieht man, daß Pozzo und Lucky wieder gefallen sind; sie kommen aber nicht auf die Bühne zurück. Wladimir stellt dann das Warten in Frage, in einem Gegenstück zu Pozzos vorangegangenem Monolog:

> *[Wladimir]* Habe ich geschlafen, während die anderen litten? Schlafe ich denn in diesem Augenblick? Wenn ich morgen glaube, wach zu werden, was werde ich dann von diesem Tage sagen? Daß ich mit meinem Freund Estragon an dieser Stelle bis in die Nacht auf Godot gewartet habe? [...] Aber was wird wahr sein von alledem? [...] Er [Estragon] wird nichts wissen. Er wird von den Schlägen sprechen, die er bekommen hat, und ich werde ihm eine gelbe Rübe geben. *Pause.* Rittlings über dem Grabe und eine schwere Geburt. Aus der Tiefe der Grube legt der Totengräber träumerisch die Zangen an. [...] Ich kann nicht mehr weiter.

In diesem Monolog distanziert sich die Figur Wladimir von ihrer Rolle im Spiel und faßt glaubwürdig die Substanz des Stückes zusammen. So wie Luckys „Denk"-Rede stellt auch diese Rede eindeutig den Höhepunkt des

Aktes dar. Ebenso wie diese jedoch hat sie auf den weiteren Verlauf keinen Einfluß.

II.5 Auftritt des Jungen vom Vorabend. Er redet Wladimir als „Herr Albert" an. Er behauptet wieder, zum ersten Mal dort zu sein und Wladimir nicht zu erkennen. Wladimir nimmt ihm die Nachricht diesmal vorweg — Godot werde nicht heute, sondern morgen kommen; dies bestätigt der Junge. Er behauptet ebenfalls, diesmal Pozzo und Lucky nicht gesehen zu haben und berichtet, daß sein Bruder krank sei. Wladimir trägt dem Jungen abermals die Nachricht an Godot auf: „Daß du mich gesehen hast."

II.6 Während die Sonne unter- und der Mond aufgeht, bleibt Wladimir stehen; Estragon wacht allmählich auf und zieht sich die Schuhe aus. Sie entschließen sich zu gehen, wissen aber, daß sie morgen wiederkommen müssen.

In der letzten Szene werden die drei rituellen Themen von den Landstreichern nochmals durchgespielt: sie besprechen den Baum, dann die Möglichkeit, sich aufzuhängen (dafür fehlt aber nach wie vor ein Strick; Estragons Gürtel ist zu kurz und die Kordel um Wladimirs Hose zu schwach). Dann, ob sie sich nicht doch trennen sollten, denn „es wäre vielleicht besser". Die Hoffnung wird aber auch hier nicht aufgegeben: Denn, wenn Godot morgen tatsächlich käme, wären sie „gerettet".

Den Schluß kennt man schon:

Wladimir   Also, wir gehen?
Estragon   Gehen wir! *Sie gehen nicht von der Stelle.* (99)

Nicht nur die Wiederholung der Grundthemen, sondern auch die Affirmation der Bewegungslosigkeit ihres Zustandes weist auf den Anfang des Stückes zurück. Die Symmetrie der Akte sowie die Unlösbarkeit des existentiellen Dilemmas — auch die Monologe Luckys und Wladimirs haben keinen Ausweg erbracht — entsprechen einander: Spielstruktur und Aussage des Stückes sind letzten Endes ein und dasselbe.

IV. Gedanken und Probleme

1. Die Vermittlung der absurden Weltsicht

Auf die philosophische Begründung des Absurden weiter einzugehen erübrigt sich an dieser Stelle. Für eine Analyse des Dramas ist sie auch nur von bedingter Wichtigkeit; denn hier geht es primär um die *ästhetische Vermittlung* einer absurden Weltsicht. Diese wird, mit einiger Einschränkung, bereits an den formalen Komponenten des Stückes sichtbar, der Behandlung von Raum und Zeit also und der spezifischen Bindung des Dramas in seiner Struktur. Bislang ist die Bedeutung dieser dramatischen Bauelemente nicht wirklich von der Kritik erfaßt worden. Man hat sich allzuoft auf den einzelnen — vor allem den komischen — Effekt fixiert, ohne der Bauweise des Stückes genügend Aufmerksamkeit zu widmen. Ähnliches gilt für die Sprache. Von Belang ist auch hier weniger die gelegentliche Situationskomik, als vielmehr der rituelle Charakter des Sprach-Spiels, das Hand in Hand geht mit der Spielstruktur im ganzen, die auf Parallelität und Wiederholung basiert. Sprache bedeutet auch bei Beckett — im Gegensatz etwa zu experimentellen Texten der Avantgarde oder auch zu einigen Stücken Ionescos — in gewissem Sinne Kommunikation. Daß es sich hierbei nicht um die der traditionellen Tragödie konstitutive Vermittlung von *Ideen* handelt, versteht sich. Das heißt aber nicht, daß dem Stück jede inhärente Dialektik fehle. Auch im Hinblick auf das Sprachproblem ist Beckett von seinen Kritikern und seinen Interpreten gleichermaßen oft mißverstanden worden. — Die Rolle der Figuren, auch und gerade deshalb, weil diese nicht oder kaum andeutungsweise als Individuen im herkömmlichen Sinne erscheinen, ist eine entscheidende im Stück. An sie knüpfen sich zahlreiche Deutungen — etwa die in der anglo-amerikanischen Kritik beliebte „Schizophrenie"-Theorie —, deren Gültigkeit noch keineswegs erwiesen ist. — Schließlich verdient die von Beckett geschaffene, für sein Werk ganz spezifische Prägung von Realität nähere Beachtung. Dabei ergibt sich, daß die etablierte Differenzierung in mimetisches bzw. anti-mimetisches Theater hier nur Zwischenergebnisse liefern kann. Beckett geht es weder um eine Abbildung von empirischer Realität, noch notwendig um deren Kontradiktion. — Die folgende Analyse — als ein Vorschlag der möglichen Annäherung an den Text — wird den Versuch unternehmen, Schritt für Schritt die

Aufhebung oder die Umkehrung traditioneller dramatischer Konstituentien am Werk aufzuzeigen und damit das zu umreißen, was die Eigenart des Beckettschen Texts ausmacht.

a) Formale Aspekte: Ort, Zeit und Struktur

Das Stück beschränkt sich auf ein Minimum an mimetischem Instrumentarium. Der Ort (eine „Landstraße") wird nicht näher definiert; im zweiten Akt heißt es als Regieanweisung lediglich: „Am nächsten Tag, um dieselbe Zeit, an derselben Stelle." Das einzige Requisit, das den Ort näher bestimmt und dem Zuschauer sichtbar wird, ist „Ein Baum". Er jedoch stellt weder ein am Rande einer Landstraße ungewöhnliches Phänomen dar, noch besitzt er klare handlungstragende oder atmosphärische Funktionen im Stück. Seine Rolle ist eine rein symbolische. Andere Details, die den Ort der Handlung näher kennzeichnen, werden lediglich von den Akteuren *erwähnt,* nicht aber auf der Bühne dargestellt: ein „Graben" (9), ein „Sumpf", der „Horizont" (16), das „Universum" (17), der „Himmel" (31, 36, 39, 41, etc.), das „Firmament" (40), der „Mond" (57 f.) etc. Ihre Rolle ist eine der naturalistischen Bühne durchaus entgegengesetzte. Als bloße Wortsignale besitzen sie Bedeutung innerhalb des Dialogs und, im weiteren Sinne, gleichermaßen für den Erwartungshorizont des Beschauers, der sie — je nach Temperament und Vorbildung — konkret oder abstrakt aufzunehmen vermag. Der Imitation von Wirklichkeit dienen sie ebensowenig wie der Erschaffung einer autonomen Welt auf der Bühne.

Von Bedeutung ist der verschiedentlich gebrauchte Verweis auf den Spielraum, das Theater also: Estragon „geht hinkend zur linken Kulisse", dann wiederum zur „rechten Kulisse" (14), Estragon und Wladimir „rennen auf die Kulisse zu" (23), Estragons „Schuhe stehen nahe an der Rampe" (59), um nur einige Beispiele zu nennen. An einer Stelle wendet sich sogar Estragon dem Publikum direkt zu mit der Bemerkung: „Heitere Aussichten!" (14). Becketts Verfahren ist hier der Komödientradition verpflichtet: einmal der Commedia dell' Arte, die den Hinweis auf den Spielcharakter des Spiels auf der Bühne vorsah, ebenso den Lustspielen Shakespeares, in deren Gefolge der romantischen Komödie und teilweise sicherlich auch der epischen Bühne, wie sie Brecht entwickelt. Dort ist die „Verfremdung" des Zuschauers von der auf der Bühne simulierten ‚Realität' wesentliche Voraussetzung der Vermittlung des intendierten didaktischen Effekts und damit der rationalen Beteiligung des Rezipienten am Bühnengeschehen. Auch in der Anlage der Beckettschen Dramen — und das betrifft nicht nur *Warten auf Godot* — hat man zunächst einmal die folgende ästhetische Intention aus der Verwendung des Spielraums, der Bühne, zu schließen: es wird bewußt das mimetische Instrumentarium in Form von Requisiten etc. auf ein Minimum reduziert. Das bedeutet: hier soll weder ‚Realität' im herkömmlichen Sinne nachvollzogen werden noch dem Rezipienten der Rahmen eines örtlich und zeitlich fixierbaren Geschehens vermittelt werden. *Raumlosigkeit* — soweit diese überhaupt spiel- und denkbar ist — umgibt den Beckettschen Akteur. Ebenso existiert kein dynamischer räumlicher Wechsel. Wie an der Spielstruktur bereits ersichtlich wurde, treten Wladimir und Estragon auch bühnentechnisch gleichsam „auf der Stelle". Die übrigen Personen — Lucky, Pozzo und der Junge — erscheinen sozusagen aus dem Nirgendwo und verschwinden wieder dorthin. Festzuhalten bleibt dabei aber der deutliche Verweis auf die Komödientradition, den der Autor mehrfach gibt: es vollzieht sich hier auch eine Komödie, und der Komödie ist nichts so tierisch ernst, wie es auf den ersten Blick scheinen mag. Ebenso klar bleibt, daß keine Komödie ohne Lehranspruch zu bestehen vermag, und dieser ist bereits in der auf Wiederholung angelegten Spielstruktur wie in der Situation der Raumlosigkeit zur Genüge vorbereitet. Ein ähnliches Bild ergibt sich, wenn man die Zeitbindung des Stückes betrachtet. Der konkreten Regieanweisung: „Am nächsten Tag, um dieselbe Zeit" zu Beginn des zweiten Aktes widerspricht die Angabe: „Der Baum trägt einige Blätter" eklatant. Wäre — in empirischer Zeitrechnung — nur eine Nacht vergangen, könnte der Baum nicht grünen. Die einzige verläßliche Maßeinheit für den Ablauf einer nachprüfbaren Zeitspanne — die Natur — versagt im Angesicht einer tatsächlichen *Zeitlosigkeit,* so wie sie Wladimir und Estragon erfahren. Der Symbolwert des Baumes ist dagegen ganz auffällig: bringt die Natur innerhalb einer Nacht einen Baum zum Grünen, dann ist auf sie ebensowenig Verlaß wie auf den eigenen Zeitbegriff. Daß der Zeitbegriff der Landstreicher ein anti-empirischer ist, macht der Text zur Genüge klar:

Pozzo schaut auf die Uhr Aber es wird Zeit, daß ich Sie verlasse, wenn ich nicht zu
        spät kommen will.
Wladimir Die Zeit ist stehengeblieben. (40)

Nicht eine im einzelnen nachvollziehbare Zeitstruktur exisiert für Wladimir und Estragon, nur noch das *Vergehen* von Zeit: „So ist die Zeit vergangen" (53 usw.). Auf die Frage, seit wann er unglücklich sei, antwortet Estragon, er habe es vergessen. Und auf die Frage, wie lange sie zusammen gelebt haben, mutmaßt Wladimir: „Ich weiß nicht. Fünfzig Jahre vielleicht." (58) Auseinandergehen lohnt sich „nicht mehr". Aber auf die Frage, nach welcher Zeiteinheit das „nicht mehr" gemessen ist, erhält der Zuschauer keine Antwort. „Am Anfang" anzuknüpfen bedeutet für Becketts Figuren, am gleichen Abend neu zu beginnen. „Es ist ein Minimum zeitlicher Bestimmung, wenn Wladimir sagt, daß vor einer Ewigkeit, um 1900, ihr gemeinsamer Selbstmord noch möglich gewesen wäre." (Schoell 2, S. 11) Und das Wort „gestern" wird mit verwirrender Vieldeutigkeit durchweg im Stück gebraucht. Worauf es dabei ankommt, ist also nicht mehr ein empirischer Begriff der Zeit, sondern die „Umstände", unter denen die Zeit „lange dauert". (84) ‚Zeitlosigkeit' bedeutet einerseits das Aufheben konventioneller Zeiteinteilung, andererseits das akute Bewußtsein vom Vergehen der Zeit, so wie es nur aus dem Zustand des Wartens erwachsen kann. Ist dieses Warten jedoch zeitlich nicht mehr fixiert — dadurch, daß das erwünschte Ziel nicht erreicht werden kann —, dann büßt Zeit die anthropologisch und philosophisch begründete Komponente der „Projektion" ein, sie verliert, als subjektives wie objektives Kriterium, ihre Berechtigung als Maßstab einer dynamischen menschlichen Existenz.

Derart kann es im Stück weder eine Vergangenheit geben als erfüllte Zeit, noch eine Zukunft als erfüllbare Zeit, noch eine Gegenwart als deren Schnittpunkt, in dem sich der menschliche Begriff von Sein und Zeit realisieren könnte. Räumlich wie zeitlich können Wladimir und Estragon „nicht von der Stelle". Der paradoxe Zustand eines Stillstandes von Zeit, gekoppelt mit dem Wissen um das Vergehen von Zeit, sprengt hier den Zeitbegriff des traditionellen Theaters, der Zeit nicht nur als logischen, sondern letztlich als finalen Ablauf begreift.

Faßt man das bisher Gesagte zusammen, so stellt sich die Struktur des Dramas nur auf den ersten Blick als ein lineares Gebilde dar. Eine Einheit des Ortes und der Zeit dient nicht — wie auf der Aristotelischen Bühne — der dramatischen Spannung, sondern dem parabolischen Verweis auf die Bedeutungslosigkeit jeglicher räumlichen und zeitlichen Fixierung in einer existenziell nicht mehr begrenzbaren Welt. Eine Finalität des dramatischen Ablaufs gibt es ebensowenig wie eine kausale Bindung der Handlungseinheiten. Jene wären grundsätzlich gegeneinander austauschbar, sieht man einmal ab von den Verweispassagen auf Godot: „Das Warten tritt an die Stelle der Handlung." (Schoell 2, S. 16) „Der Beginn des Stückes definiert sich dramaturgisch als Ende [...] Man könnte vielleicht sagen: das Stück setzt nach dem Ende des klassischen Dramas ein: nach der Katastrophe." (Metscher, S. 54 f.) Auf der anderen Seite wäre der Text, der einen Tag, eine Nacht und den folgenden Tag im Leben der Landstreicher Wladimir und Estragon auf die Bühne bringt, beliebig zu „erweitern" um eine Vielzahl von Tagen, Jahren und Jahrzehnten des gleichen Geschehens. Das in der Moderne fast ‚traditionelle' Schema von zwei Akten — man denke an Kaisers *Von morgens bis mitternachts* und viele andere Texte — enthüllt sich hier keineswegs als ein nahezu symmetrischer Zweischritt einer nicht abgeschlossenen Dreischritt-Dialektik, sondern es bleibt nach beiden Seiten hin ‚offen' als der Ausschnitt einer in größerem Zusammenhang zu sehenden kreisförmigen Strukturbewegung:

„Auf den zweiten Akt könnte ohne weiteres ein dritter folgen, der die gleiche Situation um einen Grad hoffnungsloser — vielleicht ohne das Auftreten von Pozzo und Lucky — zeigen würde." (Schoell 2, S. 9)

b) Das Sprachproblem

Sprache dient bei Beckett, wie gesagt, der Kommunikation. Kommunikation bedeutet jedoch nicht den Austausch von logisch begründbarer Sachinformation bzw. die Vermittlung von Ideen, deren Beleg die dramatische Handlung zu liefern hätte. Auch die Reduktion von Sprache auf den unmittelbaren Ausdruck der Emotion, das Zerstörungsmittel, die Waffe, wie Artaud oder Ionesco sie häufig demonstrieren, findet sich nicht in *Warten auf Godot*. Wenn Wladimir und Estragon miteinander sprechen, dann vollziehen sie ein relativ komplexes Ritual, das die folgenden Komponenten einschließt:

a) den menschlichen Kontakt, der häufig an der Oberfläche bleibt und dort besonders zum komischen *„music-hall-Effekt"* tendiert;

b) die Reflexionen über ihr Warten und den Gegenstand ihres Wartens, Godot. Innerhalb dieses Bezirks sind grundsätzlich zwei Ebenen zu unterscheiden: erstens die rituelle, fast beschwörende Bestätigung ihrer Tätigkeit; zweitens die ausweglosen Wiederholungen, das pseudo-essenzielle *non-sequitur*, das im Leeren endet.

Im Gegensatz hierzu ist die Sprache von Pozzo und Lucky eine zwar gleichfalls ritualisierte, jedoch streng zweckgebundene. Die Beziehung beider, die sich darstellt als das Verhältnis von Herr und Sklave, Ausbeuter und Ausgebeutetem, ist das Regulativ ihrer Kommunikation. Sprache dient demnach einmal der Vermittlung zweier Grundformen der menschlichen Beziehung: der Art menschlicher Kontaktaufnahme, die letztlich die Überwindung der eigenen Einsamkeit anstrebt und den Anderen als ebenbürtiges Wesen bejaht (Wladimir : Estragon) und andererseits dem oppressiven, ‚vertikalen' Austausch zwischen Unterdrücker und Unterdrücktem, Subjekt und Objekt (Pozzo : Lucky). Zum zweiten hat sie Ritualcharakter; sie ist, neben der nicht mehr sinn- und zweckgebundenen physischen Tätigkeit, der einzige Weg zur Bestätigung der eigenen Existenz — und ihrer endlichen Sinnlosigkeit.

Suchte man nach den beiden Hauptcharakteristika der Sprache des Stückes, so böten sich an deren *Komik* und deren *Monotonie,* vielleicht gelegentlich eine Mischung aus beiden. Die Komik ergibt sich primär aus dem Aneinander-Vorbeireden der Figuren. Sekundär aber auch aus der Tendenz zu Monolog und Tirade, zur bedeutungslosen Wiederholung bzw. der Echowirkung an sich belangloser Gesprächsteile. Die Hoffnung auf das Hinzukommen von etwas Neuem in der Wiederholung bekannter Gesprächseinheiten wird regelmäßig enttäuscht. Der Effekt gemahnt an die literarische Tradition der Zwanziger Jahre, an die Experimente der Dadaisten (die im übrigen oft keineswegs komisch intendiert waren) oder an Dichtungen Morgensterns. Aber auch an kabarettistische Einflüsse, wie sie gerade das französische Theater der Moderne prägten. Sie wiederum gehen zurück auf die *nonsense*-Literatur der Jahrhundertwende, etwa Jarrys *König Ubu*. — Monotonie als sprachlicher Effekt ergibt sich dann, wenn eine Mitteilung im eigentlichen Sinne nicht stattfindet, sei es nun eine faktische oder eine essenzielle. Der seinsmäßige Stillstand, der sich hier ausdrückt, entspricht dem Stillstand von Raum und Zeit, den die Figuren Becketts erfahren. An die Stelle der Mitteilung tritt häufig das Leitmotiv — wie etwa die Beteuerung „Wir warten auf Godot".

c) Die Figuren

Godot

Die Frage, wer die *Hauptperson* des Stückes sei, ist von Forschung und Kritik unterschiedlich beantwortet worden. Einmal heißt es, Godot stehe im Zentrum der Handlung, dann werden Wladimir und Estragon übergeordnet zu Pozzo und Lucky gesehen, ein anderes Mal als gleichberechtigt betrachtet. Exemplarisch urteilt Konrad Schoell:

„*En attendant Godot* ist ein Männerstück. Im Vergleich zu Becketts Roman *Molloy*, aber auch zu seinen späteren Theaterstücken, fällt auf, daß kein Gedanke einer Frau, auch nicht einer Mutter, gilt. Es treten nur fünf Personen auf: zwei männliche Paare und ein Junge als Bote. Die Hauptperson aber, der Mittelpunkt dieser Gruppierung, Godot nämlich, wird weder gesehen noch gehört. Einziger Zeuge für seine Existenz ist der kleine Junge." (2, S. 12)

Der Annahme, Godot sei die „Hauptperson" des Stückes, muß hier widersprochen werden. Sie enthält einen logischen Widerspruch einmal darin, daß eine klare Aussage über die Identität Godots auf der Basis des Texts nicht möglich ist, zum anderen in der Implikation von Godots Einfluß auf das Geschehen. Das bedeutet: eine Person, über deren Eigenschaften, ja deren Existenz, nichts Verläßliches bekannt ist, kann nicht Hauptperson eines Stückes sein. Und für eine Person, die keinen direkten, nachweislichen Einfluß auf die Handlung dieses Stücks ausübt, gilt das gleiche. Die Bedeutung, die der Figur Godots zukommt, geht allein von Wladimir und Estragon aus — Godot selbst tut bzw. unterläßt nichts, um sie zu rechtfertigen.

Kann man also davon ausgehen, daß Godot nicht die Hauptfigur des Stückes ist, nicht einmal eine ‚Figur' im gemeinsprachlichen Sinne, dann wird man sich leicht für Wladimir und Estragon als die Zentralgestalten des Stückes entscheiden. Ihnen gehört die Bühne allein in mehr als zwei Dritteln des Spielverlaufs, und ihnen kommt letztlich die Aufmerksamkeit des Beschauers zu. — Bevor nun auf ihre Charakterisierung und ihre Funktion im einzelnen eingegangen werden soll, muß eine Grundsatzfrage aufgegriffen werden, die in der Beckett-Kritik nach wie vor umstritten bleibt, und der jeder Rezipient des Stückes sich ausgesetzt sehen wird: Die Frage, wer nun eigentlich Godot sei.

Der Text selbst bleibt eine klare Antwort darauf schuldig. Godot, so versichern sich die Landstreicher gegenseitig, beantwortet „Gesuche", dabei muß er seine Familie, Freunde, Korrespondenten usw. „um Rat fragen", bis hin zu seinem Bankkonto (19 f.). Im ersten Gespräch mit dem Jungen findet man die Angaben, daß Herr Godot „Schafe" besitzt, daß er den Bruder des Jungen schlage, den Jungen selbst jedoch anständig behandle (56); im zweiten die Mutmaßung, daß er einen weißen Bart trüge, kurz darauf die weitere Mutmaßung Wladimirs, er würde „uns bestrafen", wenn sie ihn fallenließen (97 f.). Mehr erfährt man nicht über die Person und die Eigenschaften Godots. Es liegt von vornherein nahe, daß eine Theaterkritik, die an der Transzendenz geschult ist, eine Verbindung zu Gott hier zu voreilig herstellte:

„Wer aber ist dieser Godot? [...] Er ist ein Gutsbesitzer mit weißem Bart, der seine Schafe und Ziegen von Jungen hüten läßt, denen er einigermaßen gut zu essen und im Speicher im Heu Schlafplätze gibt und von denen er den einen schlägt. [...] Alle Hoffnung ruht in ihm; bei ihm gibt es Wärme, Nahrung, Arbeit, Unterkunft. Selbstmordabsichten sind hinfällig, solange nur Aussicht besteht, daß er sie empfängt und für sie sorgt. Godot mit seinen Schafen, Godot mit dem weißen Bart ist ein Bilderbuch-Lieber-Gott. Und viele Interpreten sehen Gott in ihm, den Gott, der nicht kommt, aber den Gott, auf den man trotz aller Enttäuschung weiter wartet. Der Name Godots hat sie dazu gereizt, ihn in Zusammenhang mit Gott zu bringen. Die französische Diminutivendung -ot an das englische Wort für Gott angehängt, sollte also eine Mischung aus God und Charlie Chaplin (französisch Charlot) bedeuten. Oder aber man nimmt direkt eine umgangsirische Form ‚Godo‘ für ‚God‘ an." (Schoell 2, S. 26)

„An Erklärungen allerdings mangelt es nicht [...] und eine ist nutzloser als die andere:
Godot, das ist Gott. Erkennen Sie darin denn nicht die Wurzel *God*, die der Autor seiner Muttersprache entnommen hat? Und warum eigentlich nicht? Godot, das ist — warum nicht ebensogut? — das irdische Ideal einer besseren sozialen Ordnung. Erhofft man sich von ihm nicht Nahrung und Kleidung und die Aussicht, nie mehr geschlagen zu werden? [...] Oder Godot, das ist der Tod: man hängt sich am nächsten Tag auf, wenn er nicht von selbst kommt. Godot, das ist die Stille; man muß sprechen, während man auf sie wartet: um dann schließlich das Recht zum Schweigen zu haben. Godot, das ist dieses unerreichbare *Ich*, das Beckett durch sein ganzes Werk hindurch verfolgt, immer in der Hoffnung, daß — ‚dieses Mal, vielleicht, wird es ich sein, endlich.‘" (Robbe-Grillet, S. 66)

Nun ist es nicht nur das — von Beckett eindeutig intendierte — Wortspiel, das diese Vielzahl von Interpretationen begünstigte. Es ist auch — und bei genauem Hinsehen ist dies vielleicht der entscheidendere Faktor — die Tatsache, daß der Kritik wie dem Zuschauer gleichermaßen die Vorstellung eines Wartens als existenzielle Grundform intuitiv nur begreiflich ist, wenn dieses Warten metaphysisch begründet ist. Man sollte gerade hier den christlich vorgeprägten Erwartungshorizont von Becketts Publikum nicht unterschätzen. Ein Warten ohne metaphysische Hoffnung — ohne Transzendenz — lohnt sich auf den ersten Blick kaum. Und dennoch ist dies die Art des Wartens, die Beckett meint: Godot kommt nicht, das Warten bleibt zeitlich unbegrenzt, ‚unbelohnt', und es erstarrt zum existenziellen Gestus. Die Konsequenzen der genauen Betrachtung des Texts für die Erklärung der Godot-Identität sind evident: einmal wird diese durch das Stück selber nicht geklärt, und das keineswegs ohne guten Grund. Eine Erklärung ist weder möglich noch letzten Endes sinnvoll. Zum zweiten gibt der Name „Godot" nicht mehr her, als im Text steht: er ist ein Wortspiel — das die beliebige, aber ergebnislose Assoziation ermöglicht —, nicht mehr und nicht weniger. Ihn mit der Gestalt eines christlichen Gottes gleichsetzen zu wollen, hieße nicht nur, den Befund des Textes bei weitem zu überfordern, sondern fatal an der Aussage des Stückes vorbeizuargumentieren. (Die Anspielungen auf „Gott", die der Text enthält, stehen dabei entschieden auf einem anderen Blatt. Ihnen wird weiter unten einige Aufmerksamkeit zuteil).

Godot ist weder Gott, noch eine greifbare Erlösergestalt, noch eine vage begriffene Transzendenz im Stück. Er ist eine Projektion Wladimirs und Estragons — sie wird übrigens nicht von Pozzo und Lucky geteilt —, die durch das Erscheinen des Jungen gerade noch greifbare Konturen im Bereich einer empirischen Möglichkeit erhält. Godot ist „der Name für das Warten" (Janvier, zit. nach Schoell 2, S. 27) und als solcher besitzt er ausschließlich Symbolfunktion im Text. Das Symbol jedoch ist nicht ein metasprachlich belegtes, essenziell „erfülltes", sondern ein ‚blindes Symbol' — wenn man diesen Begriff analog dem des ‚blinden' Motivs prägen könnte. Das Symbol verweist allein zurück auf das Dasein Wladimirs und Estragons, nicht auf eine auch nur irgendwie relevante Sphäre außerhalb des Bühnengeschehens. „Das Thema des Stückes ist nicht irgendein Godot, sondern das Warten." (Schoell 2, S. 27)

Wladimir und Estragon

Über die Hauptpersonen des Stückes, Wladimir und Estragon, merkt Schoell an:

„Wladimir und Estragon sind verlassene, beruflose Außenseiter, eine Art von Landstreicher ihrer gesellschaftlichen Situation nach; ihrer Einstellung zum Leben nach — und Wladimir mehr als sein Freund — Clowns. Sie haben keine feste soziale Rolle; vielleicht ist auch dies etwas, was sie sich von dem Rendezvous mit Godot versprechen. Der arme, alte, schwerfällige, verletzliche Landstreicher Becketts ist jedoch mehr, als seine soziale Stellung bedeutet. Er stellt die Situation des Menschen aufs äußerste reduziert dar." (2, S. 12 f.)

Diese Angabe ist nur bedingt richtig. Vom Blickpunkt des Publikums aus, das sich in einem gegebenen sozialen Ordnungsgefüge befindet, sind Becketts Figuren natürlich Herumtreiber, arbeitslose Landstreicher oder Clowns. In der Welt jedoch, die das Stück darstellt, existieren keine sozialen Systeme, überhaupt — sieht man einmal ab von der Zuordnung der vier Akteure — keine empirisch nachweisbaren Gruppierungen wie Familie, Gemeinde, Staat; kurz: keine Umwelt an sich. Die Personen Becketts erscheinen gleichsam in einem innerweltlichen Vakuum, das sie als das klar hervortreten läßt, was der Autor zu zeigen beabsichtigt, als Phänotypen des Menschseins. Sie sind genauso wenig außerhalb der Welt angesiedelt wie sie „nicht mehr in der Welt" (Anders, S. 33) sind. ‚Die Welt' ist in *Warten auf Godot* längst als sinnloses Konstrukt entlarvt und, ehe das Stück überhaupt beginnt, beiseitegelegt. Die notwendigen Orientierungspunkte, deren die physische Existenz eben noch bedarf, lassen sich an einer Hand aufzählen: der Baum, der — nun bereits imaginäre — „Graben", der „Mond"; das „links" und „rechts", „vorn" und „hinten" auf der Bühne; dazu noch einige vage Andeutungen über die Vergangenheit der Figuren. Daß auch diese Bezugspunkte noch willkürlich und ebenso unzuverlässig wie austauschbar sind, zeigt das Symbol des grünenden Baums, zeigen die Hinweise auf ein nur spielerisch noch zu fassendes Gestern und Heute, zeigt die Relativität der Kategorien vorn und hinten usw.

Wladimir und Estragon sind also Menschen ohne Welt. Gesellschaftliche Ordnungsprinzipien haben für sie keine Gültigkeit, materielle Güter sind belanglos. Soweit ein Besitz überhaupt in Frage kommt, schließt er nur das Notwendigste ein: Hüte, Schuhe, ein paar Rüben zum Zeitvertreib. Die Reduktion der menschlichen Situation „aufs äußerste" erlaubt grundsätzlich nur noch ein Sich-Befassen mit drei Grundbereichen:

erstens:	dem Bereich der eigenen physischen Existenz, ihren Nöten, Gebresten und Erfordernissen;
zweitens:	dem Bereich der Zwischenmenschlichkeit, der hier abermals auf kargste Grundlinien reduziert erscheint;
drittens:	der Repräsentation der *conditio humana*, die sich symbolisiert im vergeblichen Warten auf „Godot".

Von Bedeutung ist nun die Repräsentation dieser drei Bereiche menschlicher Existenz durch das Stück. Sie stellt letzten Endes den Inhalt des Stückes dar; ihr gilt die ästhetische Vermittlung des Beckettschen Theaters.

Gleich zu Anfang erfährt man die physischen Gebrechen der Figuren: Estragon hat schmerzende Füße, Wladimir Beschwerden beim Wasserlassen. In beide Leiden hat die Kritik mehr hineingelegt, als der Text hergibt. Ob nun Wladimir an einer Prostataerkrankung (Brée) leide oder gar Gonorrhöe (Webb) habe, ist für ein Verstehen des Stückes völlig belanglos. Fest steht, daß sein Zustand ihm die Ausführung einer notwendigen Körperfunktion — der des Urinierens — erschwert, so wie Estragon eine andere Körperfunktion — die des Gehens — nur mit Mühe vollziehen kann. Dasein bedeutet Schmerz, bedeutet das Leiden am eigenen Körper. Daß dieses Leiden nur bedingt mitteilbar ist, zeigt der Eingangsdialog. (Die Mitteilbarkeit physischer Schmerzen hat die moderne Philosophie ebenfalls beschäftigt; ein entsprechender Diskurs läßt sich in Wittgensteins *Philosophischen Untersuchungen* nachlesen). Dasein bedeutet darüber hinaus die beständige Abhängigkeit — wäre es nicht Beckett, so könnte man sie als eine erniedrigende ansehen — von den eigenen Körperfunktionen. Die in den Stücken Becketts häufig das Publikum schockierenden Körpergeräusche etc. sind nicht nur als unflätige Clownerie zu sehen, sondern sie bedeuten eine Mahnung an die menschliche Situation des Körperlichen.

Was nun die Beziehung Wladimirs und Estragons betrifft, den Bezirk des Zwischenmenschlichen also, so ist diese keineswegs vergleichbar der Tradition des *nouveau théâtre* oder auch einigen Stücken Ionescos. Dort ist Zwischenmenschlichkeit gezeichnet von Konflikt, Kampf, Brutalität und haßerfülltem Verfallensein in Sadismus bzw. Masochismus. Nichts davon bei den Landstreichern. Auch der Bereich des Sexuellen spielt hier keine Rolle. Die von einer Reihe von Kritikern geäußerte Annahme, Beckett zeige hier eine homosexuelle Beziehung, entbehrt jeder Grundlage im Text. Die Beziehung beider ist grundsätzlich — und dieser Befund ist wichtig auch für die Kontrastierung zu dem Paar Pozzo : Lucky — die von Gleichgestellten. Beide sind einander ähnlich, aber keineswegs identisch oder gar austauschbar. „Estragon ist mehr dem Körper und Wladimir mehr dem Geist zugeordnet." (Schoell 2, S. 12) Estragon ist eher der fragende Partner, Wladimir der antwortende; aber die Rollen vertauschen sich ständig, und von einer durchgängigen, klaren geistigen Überlegenheit auf Seiten Wladimirs kann nicht die Rede sein. Wladimir scheint jedenfalls im Besitz einer dichteren Vorstellung von Godot zu sein: Estragon bemerkt an einer Stelle, man sei gebunden an „deinen guten Mann" (22), und Wladimir betont häufiger, daß das Erscheinen Godots bevorstehe. Überhaupt scheint Estragon öfters zu vergessen, was man tut, und Wladimir erinnert ihn dann leitmotivisch daran, daß man auf Godot warte.

Estragon ist zweifellos dem Animalischen näher, denn Beckett läßt ihn bewußt mehrfach die bei seinen Personen verbreitete „foetale" Position (im Frz.: „posture utérine") einnehmen: „Er steckt seinen Kopf zwischen die Beine" (73), „[...] kauert sich zusammen, legt den Kopf zwischen die Beine und hält die Arme vor den Kopf." (92) Wladimir dagegen hat die Tendenz, die eigene Situation — ironisch — zu verallgemeinern und einen Bezug zum Menschsein herzustellen, der Estragon in dieser bewußten Form entgeht: „Aber an dieser Stelle und in diesem Augenblick sind wir die Menschheit, ob es uns paßt oder nicht." (83) In der zwischenmenschlichen Beziehung der beiden Landstreicher, die nicht ohne Liebenswürdigkeit und gegenseitige Rücksichtnahme ist, die zu Kose- bzw. Spitznamen greift, die sogar Freude oder „Zufriedenheit" aufkommen läßt, wenn man sich wiederfindet nach kurzer Trennung, versinnbildlicht sich der zweite Aspekt des Daseins, so wie Beckett es hier sieht: neben dem Leiden an der eigenen physischen Bedingtheit gibt es immerhin die Möglichkeit, diese Qual zu teilen, sie im Dialog — und mag er auch ein letztlich sinnloser Austausch sein — mitzuteilen. So betont Wladimir immer wieder, wie schlecht es Estragon ginge ohne ihn. Mehr noch: in der Verbindung des „Ich" mit dem „Du" — wie sie der Text meisterhaft vorführt an mehreren Stellen — zum „Wir" gewinnt das Warten ein erträglicheres Gesicht, wird sogar der Selbstmord zum Gesellschaftsspiel. Der mehrfach erwogene gemeinsame Suizid wird jedoch nicht ins Werk gesetzt: einmal, weil die Mittel dazu fehlen (weder auf den Baum noch auf einen Strick ist hier noch Verlaß), dann, weil auch er sinnlos ist im Angesicht des Wartens, das zum einzig greifbaren, absurden Ritual gerinnt.

Man geht nicht fehl — und hier muß man den dritten und wichtigsten Bereich betrachten in der Existenz der beiden Landstreicher-Clowns —, wenn man Wladimir und Estragon als Protagonisten der menschlichen Existenz überhaupt ansieht. In ihrem Vollzug dieser Existenz sind sie allerdings keine tragischen Figuren mehr. Denn die Katastrophe des klassischen Dramas ist für sie — wie auch die Gruppierungen einer empirisch vollzogenen Welt — schon lange nicht mehr möglich. Sie liegt nicht nur vor dem Beginn des Stückes, sie wird als belanglos beiseitegeschoben. An Stelle einer dynamischen, und das heißt: tragischen Erfahrung des Leides in der akuten Kollision tritt hier die Statik einer gedämpften Verzweiflung. Es kann auch nicht sein, daß im Stück ein „rudimentärer Bestand von *Anagnorisis*" (Metscher, S. 55) nachzuvollziehen sei. Denn Anagnorisis — in der *Poetik* des Aristoteles die Bezeichnung für den Augenblick des Erkennens, den der tragische Held zwischen Blindheit und Wissen erfährt — setzte eben diese Kategorien voraus, die dem Stück Becketts fehlen: tragische Blindheit, bedingt durch Hybris, verlangte ein zu Wissendes, das irgendwo metaphysisch verankert wäre. Ebensowenig versinnbildlicht Beckett den Zustand der „Schizophrenie" an seinen Gestalten, wie dies häufig angenommen wurde. Jener setzte ein psychisches Gespaltensein der Person in zwei unvereinbare Bereiche bzw. Ansprüche voraus. Nichts davon bei Beckett. Das individuelle Wissen, das Wladimir bewußt erfährt und Estragon eher intuitiv, ist ein *a priori* vorhandenes; es muß nicht durch einen kathartischen Prozeß freigelegt werden; es verschwindet auch nicht aus dem Blick der Handelnden. Und es entspricht durchaus einem kollektiv Gewußten, das jedoch weder transzendental noch historisch determiniert ist. Dieses Wissen drückt Wladimir aus, wenn er sein berühmtes Bild für die absurde Weltsicht prägt:

„Aus der Tiefe der Grube legt der Totengräber träumerisch die Zangen an. Man hat Zeit genug, um alt zu werden. Die Luft ist voll von unseren Schreien." (96)

Und gerade dort, wo er dieses Wissen am schärfsten formuliert, sagt er dann: „Ich kann nicht mehr weiter." In diesem Augenblick erscheint wieder der Junge, der Bote Herrn Godots, um zu versichern, daß dieser morgen „bestimmt" kommen werde. Wie Sisyphus nach der gewaltigen Anstrengung den Stein herabrollen sieht und fast resigniert in der Sinnlosigkeit seiner Anstrengung, so hält auch Wladimir inne: er kann im Augenblick nicht weiter. Und wie Sisyphus, so geht auch er weiter. Die Versicherung des Jungen ist es letztlich nicht, die ihn dazu bestimmt. Denn er sollte es besser wissen: Godot wird auch „morgen" nicht kommen. Aber „Godot" ist nicht nur ein Symbol des Wartens, er ist auch der Ausdruck des Trotzes und des Stolzes — der einzigen menschlichen Bastion, die noch verblieben ist —, den Wladimir und Estragon teilen, wenn sie am Ende des Stückes sagen: „Wir gehen."

Pozzo und Lucky

Betrachtet man nun Pozzo und Lucky, so erweist sich, daß Beckett dieses Paar als Gegensatz zu den Landstreichern konzipierte. Zwar gibt es einen eindeutigen Berührungspunkt beider Paare im zweiten Akt. Dort stürzen Pozzo und Lucky zu Boden, und Wladimir, der ihnen zu helfen versucht, wird ebenfalls niedergerissen. Ähnlich ergeht es dann Estragon, der ihm aufhelfen will. Wladimir folgert, als das Knäuel sich nun vereint auf dem Boden wälzt: „Wir sind Menschen." Hier endet jedoch die Parallele.

Das erste Auftreten dieser Figuren verändert das Bild, das sich dem Zuschauer bisher bot, ganz plötzlich:

„Daß das Auftreten des neuen Paars den Zuschauer intrigiert, ist aus mehreren Gründen begreiflich. Einmal aus ästhetischen: Die Stagnation, die der Zuschauer, nachdem er sie zuerst als Zumutung abgelehnt hatte, schließlich als ‚Gesetz der Godot-Welt' akzeptiert hat, wird nun durch den Einbruch wirklich agierender Figuren aufs empfindlichste gestört. Es ist, als verwandle sich vor unseren Augen ein Bild in einen Film." (Anders, S. 46)

Tatsächlich ist dies für den Zuschauer ein befremdlicher Anblick: Pozzo führt Lucky an einer Hundeleine vor sich her. Lucky kann, dank der Länge des Strickes, die Mitte der Bühne erreichen, ehe Pozzo sichtbar wird. Lucky trägt einen Koffer, einen Klappstuhl, einen Vorratskorb und einen Mantel; Pozzo trägt nur eine Peitsche. Zunächst wird der wortlose Lucky von Pozzo mißhandelt, von den Landstreichern lediglich bestaunt. Dann ergreifen diese für ihn Partei: es sei „eine Schande", ein menschliches Wesen so zu behandeln. Schließlich beginnt Pozzo zu schluchzen, und schlagartig vollzieht sich ein Stimmungsumschwung zu seinen Gunsten. Pozzo und Lucky, Herr und Untertan, erscheinen den Landstreichern zunächst beneidenswert. Nicht umsonst haben sie Pozzo anfangs für Godot gehalten. Beide, der Unterdrükker wie der Unterdrückte, scheinen ihnen glücklich — die Anspielung im Namen Luckys ist kaum überhörbar —, da sie beide nicht nur einer über ihre Beziehung hinausführenden Einsicht entzogen sind, sondern weil sie noch immer einem teilweise empirischen Zeitbegriff anhängen. Über den Zeitbegriff bleibt jedes Gespräch zwischen den Gruppen ergebnislos. Und tatsächlich sind Lucky und Pozzo der Vergänglichkeit viel konkreter unterworfen als das Landstreicherpaar: der eine erblindet, der andere verstummt.

Nun ist aber dieses Paar nicht nur eine Versinnbildlichung eines ausbeuterischen Verhältnisses, wie dies etwa Bertolt Brecht sah (Brecht schlug sogar vor, Pozzo umzutaufen in „von Pozzo"). Die sozio-ökonomische Komponente ist selbstverständlich in diesem Verhältnis angelegt, denn Pozzo wird nicht nur als Grundeigner, sondern auch als Sklavenbesitzer bezeichnet. Darüber hinaus jedoch wird dieser Befund dahingehend zu verallgemeinern sein, daß beide in gewisser Weise noch einer Welt angehören, die für Wladimir und Estragon bereits aufhörte zu bestehen. Sie erscheinen zeit- und ortsgebunden; das von Lucky herumgeschleppte Besitztum repräsentiert die Sachbezogenheit beider; die Peitsche symbolisiert ihr Verhältnis. Sie sind nicht nur durch den Strick, sondern durch eben jene Konzeption des Lebens aneinandergekettet, die sie unwiderruflich verbindet. Das Zufällige der Rollenverteilung betont Pozzo selbst: „Schließlich hätte ich in seiner Haut stecken können und er in meiner. Wenn der Zufall es nicht anders gewollt hätte. Jedem das Seine." (34)

Im zweiten Akt scheinen ihre Rollen zwar vertauscht, grundsätzlich jedoch an das gleiche Ritual gebunden: Pozzo, der erblindet ist, klammert sich an den jetzt stumm gewordenen Lucky, der „nicht mal stöhnen kann". Beide halten jedoch an ihren Rollen fest: Lucky drückt Pozzo die Peitsche in die Hand und reicht ihm das Strickende, da jener beides nicht mehr sehen kann. Beide stürzen fortwährend zu Boden und setzen dennoch ihren Weg fort. Jedes Ziel für diesen Weg ist längst verschwunden, jeder Sinn aus einem Verhältnis gewichen, das sich noch nicht einmal mehr auf die Macht des Unterdrückers stützen kann. Die Rolle ist zur leeren Schale geworden, deren beide jedoch bedürfen, um existieren zu können. Die Annahme verschiedener Kritiker, daß im Stück in der antithetischen Gruppierung der vier Figuren grundsätzlich „zwei verschiedene Zeitebenen aufeinanderstoßen" (Schwarz, S. 79), ist nur bedingt richtig. Denn später hat der anfangs von Pozzo deklamierte Zeitbegriff auch für ihn keine Gültigkeit mehr. Wenn Pozzo und Lucky anfangs *glaubten*, einem anderen Zeit- und Daseinsbegriff verhaftet zu sein, so hat diese Täuschung dann ihre Berechtigung eingebüßt. Am Ende wirken beide wie aufgezogene Spielzeugmännchen, unbeholfen, hölzern, bewußtlos und dazu verdammt, nach dem Willen ihres unbekannten Erfinders zu tanzen. Denn nicht umsonst macht Beckett die Anspielung auf Luckys Fähigkeit zu tanzen. —

Der Höhepunkt ihres Auftritts ist der Denkmonolog Luckys im ersten Akt. Lucky — der scheinbar willenlos Unterdrückte! — wendet sich hier dem Publikum zu mit der Aufforderung: „Denke!!" Er ist die einzige der Figuren, die an einem persönlichen Gottesbild festhält, dem Bild eines Gottes mit weißem Bart, „außerhalb von Zeit und Raum", der „uns lieb hat bis auf einige Ausnahmen". Auf die Beweisführung seiner Rede braucht hier im einzelnen nicht eingegangen zu werden. Die äußere Struktur der Rede und ihr innerer Verlauf gleichen einem wissenschaftlich durchorganisierten „Schrumpfungsprozeß" (Horst Breuer), der den Menschen, der von einer göttlichen Präsenz ausgeht (= die erste Prämisse), mit einer Reihe sinnloser Tätigkeiten identifiziert (= die zweite Prämisse) und ihn schließlich zur völligen Inkohärenz reduziert (= die *conclusio)*. Lucky wird dann zum Verstummen gebracht und von Pozzo seines Hutes beraubt. Der Hut ist nicht nur das Instrument, das ihn zum Denken befähigt, sondern das Symbol seiner im Ansatz noch vorhandenen Menschenwürde: Pozzo „reißt den Hut aus den Händen Wladimirs, wirft ihn auf die Erde und springt darauf herum".

Hinter der Clownerie der Figuren — die das an Laurel und Hardy geschulte Publikum besonders ansprechen muß: wird nicht auch hier immer auf den schwarzen Melonen herumgetrampelt? — verbirgt Beckett also einen ernsten Vorgang. Der einzige Versuch Luckys, seine Situation zu artikulieren, läßt ihn immer aufgeregter werden und schließlich seine Beherrschung ganz verlieren. Der Ansatz einer ‚Revolution' wird aber unverzüglich niedergeschlagen — Wladimir und Estragon werden hier zu Handlangern der Gewalt, ohne es überhaupt zu begreifen —, die Dehumanisierung der Rollen Luckys und Pozzos endgültig besiegelt. Daß Beckett hier seinem Publikum eine Lektion erteilt, die jenem recht instruktiv die Folgen des „Denkens" vor Augen führt, versteht sich.

d) Inwieweit stellt das Stück Realität auf der Bühne dar?

„Die imitative Funktion der Kunst, bereits von Aristoteles als das spezifische Wesen des Ästhetischen eingesehen, ist auf bloße Wiederholung von Empirie reduziert. Das selbst auf Reproduzierbarkeit angelegte Kunstwerk ist selber reproduzierend; gerade darum ist es reproduzierbar. Es reproduziert das Wirkliche in seiner Erscheinung als Unmittelbares. Es suggeriert diesen Schein als Wesen [...] Als bloße Reproduktion nimmt Kunst notwendig den Charakter des Reproduzierten an: den von *Entfremdung*." (Metscher, S. 58 f.)

Die ästhetische Vermittlung des Absurden geht von grundsätzlich anderen Prinzipien aus. Sie zielt weder auf den der mimetischen Reproduktion eignenden Effekt der „Entfremdung" ab, noch notwendig auf die „Verfremdung" der anti-aristotelischen Bühne. Beide bedürfen der grundsätzlichen Präsenz historischer Vorgänge — und damit des zumindest latenten Einverständnisses beim Rezipienten. Im aristotelischen Theater werden diese aus ihrem weiteren Kausalgefüge abgelöst und durch die Erstarrung in der Pose des Tragischen individualisiert. Im epischen Theater werden sie ebenfalls abgelöst, die Intention ist hier jedoch die der Verallgemeinerung, der Bewußtmachung. Beides kann bei Beckett als geschehen — und in gewisser Weise als erledigt — vorausgesetzt werden. Was sich hier dem Beschauer als ‚real‘ präsentiert, stellt die totale Reduktion jeder denkbaren Realität dar. Greifbar sind nur noch die anthropomorphen Bezugseinheiten, wie dies oben bei der Betrachtung der Figuren erwiesen wurde: das Körperliche in seiner allgemeinsten Form, das Zwischenmenschliche als Rudiment einer horizontalen Bezugsebene (Wladimir und Estragon) oder als das Ergebnis vertikaler Zwangsverhältnisse (Pozzo und Lucky). Hinzu kommt die Zeit, die als Vergänglichkeit im persönlichen und im weitesten Sinne empfunden wird, deren Ablauf sich aber nicht mehr in historischen Bahnen vollzieht. Hier überschneiden sich Satire am Menschlichen und die Parabolik der menschlichen Situation überhaupt, wobei eins dem anderen in den Arm fällt, wenn die Vermittlungsebenen zu eindeutig werden.

Realität ist hier nicht mehr Abbild noch Gegenprojektion. Sie erscheint — nach der Aufhebung sowohl jeden historischen Bezugsortes als auch der traditionellen Konstituenten des Dramas durch den Autor — nur noch als Endstadium und als Beginn zugleich: in einer Weise offen für die Deutung wie ein historisch begründetes Drama dies zu leisten weder vermocht noch intendiert hätte. Die Gerade-Noch-Realität Becketts tendiert derart zum Mythos, so wie der Mythos von Sisyphus das Menschliche zugleich antizipiert und beschließt.

2. Die Komik des Stückes

Die Welt Becketts in *Warten auf Godot* ist jeder Form der empirischen Realität weitgehend entkleidet. Tragik kann, das hat die obenstehende Betrachtung der Figuren bereits gezeigt, im herkömmlichen Sinne nicht entstehen, da ein außerhalb des Persönlichen gelegenes Bezugssystem fehlt. Eine tragische Auseinandersetzung zwischen dem Anspruch eines Individuums und dem eines Universalen oder auch nur dem einer Gruppe findet nicht statt. Leben wird zum Zeitvertreib, und an Stelle des Einbruchs der großen Katastrophe schleicht sich die Verzweiflung ein in die Gesten und Worte der Helden Becketts. Der vielberufene Einfluß James Joyces auf Beckett findet hier vielleicht seinen stärksten Ausdruck: in der Gemeinsamkeit des Motivs der nagenden, verhaltenen Verzweiflung, das sich auch so oft mit den Gestalten Joyces verbindet. (Man vergleiche etwa die Genrebilder in der Sammlung *Dubliners*, in der die Gestalten wie unter einem Grauschleier erscheinen.)

So wie aber ‚Tragik' im gemeinsprachlichen Sinne an die Existenz von Systemen, metaphysischen und historischen Postulaten geknüpft ist, so hat Komik grundsätzlich zu tun mit den empirisch begründeten Hoffnungen und Erwartungen des Menschen, die auf der Bühne zunichte werden. Eine Definition der Komödie würde hier zu weit führen, aber man mag Texte von Aristophanes über Shakespeare und die *Commedia dell'Arte,* das bürgerliche Lustspiel des achtzehnten Jahrhunderts bis hin zu den Tragikomödien Dürrenmatts etwa daraufhin untersuchen: hier geht es immer um das Unerwartete, nicht Planmäßige, das sich entgegen den Erwartungen der Akteure einstellt und das Publikum — das meist bis zu einem gewissen Grad „eingeweiht" ist — zum Lachen veranlaßt. Aber dieser ungeplante Effekt — man erinnert sich an Lessings *Minna von Barnhelm* oder an Kleists *Zerbrochenen Krug* — verrät wiederum eine höhere Fügung, die in der traditionellen Komödie am Ende dann doch alles „zum Guten" wendet. Dies trifft nur bedingt zu auf die Mischform der modernen Tragikomödie. In Dürrenmatts *Die Physiker* oder in seinem *Besuch der alten Dame* spielt auch das Zufällige die entscheidende Rolle, keineswegs aber beschließt das Stück ein ‚happy end'. Dennoch weiß der Zuschauer, daß er es letzten Endes ‚nur' mit dem Theater zu tun hat — nicht mit der Wirklichkeit. Dies erlaubte ihm auch dann ein Lachen, wenn es nun wirklich nichts mehr zu lachen gibt.

Zu lachen gibt es auch nichts für die Figuren Becketts. Und tatsächlich lachen diese wenig, wenn überhaupt (Wladimir tut das Lachen sogar buchstäblich weh). Die Komik des Stückes, die der Zuschauer von neuem erfährt bei jeder Aufführung, hat nichts mehr gemein mit der Komik der traditionellen Komödie. Auch die ‚diskrepante' Information, auf der diese meist beruht — also das Eingeweihtsein des Zuschauers dort, wo sich die Akteure immer tiefer in Wirrungen verstricken — gebraucht Beckett nicht. Jeder, die Figuren auf der Bühne und der Rezipient im Zuschauerraum, weiß grundsätzlich das Gleiche. Irrungen und Wirrungen gibt es nicht, weil die Figuren Becketts nicht mehr planen. Die Komik in *Warten auf Godot* hat grundsätzlich andere Ursprünge.

Sie erinnert zunächst einmal an die Rolle des Zirkusclowns, der, mit einem Minimum an Hilfsmitteln, sein Publikum zum Lachen bringt. Der Clown selbst lacht nicht, denn hätte er Teil am Erwartungshorizont seiner Beschauer, wäre er kein Clown mehr. In den Bereich der Clownerie gehören körperliche Ungeschicklichkeit, die Tendenz, Kleidungsstücke zu verlieren oder auch die Tatsache, daß sich jedes Unternehmen als Fehlschlag erweist. Beckett verwendet derart die Fallszenen, in die alle vier Figuren verwickelt werden, die Schuhe Estragons, den Hut und die Hose Wladimirs, den Selbstmordversuch mit dem untauglichen Strick etc. Die gröberen Clownerien umfassen dann Prügeleien — die immer harmlos ausgehen, aber mit großem Geheul verbunden sind —, das Essen von Rüben oder Karotten, die Tätigkeit des Wasserlassens, die Anspielung auf Körpergeräusche. Sie betreffen auch die groteske Entmenschlichung, die die Rolle Luckys vorsieht. Hier ist die Grenze zur Dehumanisierung fein, und ein ‚guter‘, d. h. ein überzeugender Clown wird sich ihrer bewußt sein müssen. Wenn Beckett sie jedoch überschreitet, so will er damit einen gewissen Effekt beim Zuschauer erzielen. Im Falle der Körperfunktionen zielt dieser Effekt auf die Einsicht in das Körpergebundensein, im Falle Luckys eindeutig auf die Darstellung der völligen Entwürdigung eines Menschen, der an ein menschenunwürdiges Verhältnis gebunden ist.

Zu den Vorvätern der Beckettschen Komik gehören auch Laurel und Hardy, gehört Charlie Chaplin, die drei bekanntesten Clowns sicherlich des zwanzigsten Jahrhunderts. Was seine Figuren jedoch von ihnen trennt, ist die Grunddifferenz von Planmäßigkeit und Planlosigkeit. Wenn Laurel und Hardy ein Haus bauen, so unterliegt ihr Handeln empirischer Planung. Was den komischen Effekt ausmacht, ist die systematische Zerstörung ihrer Bemühungen entweder durch die eigene Begrenztheit oder durch das Hinzutreten nicht planmäßiger Faktoren. Becketts Landstreicher-Clowns bedürfen nicht der ‚props‘, des teilweise recht umfangreichen Spielapparats, den die Stummfilm-Clowns Schritt für Schritt erledigen. Sie handeln auch nicht — im empirischen Sinne — zielbewußt oder planmäßig. Die Komik des Stückes entsteht gerade aus jenem innerweltlichen Vakuum, in dem seine Figuren sich bewegen. Sie erreicht den Zuschauer direkt aus der gegebenen ad-hoc-Situation heraus, spielerisch aber ohne Bestand.

Deshalb scheint es richtig, *Warten auf Godot* nicht als eine Tragikomödie im herkömmlichen Sinne zu bezeichnen. Verwendet man diese Bezeichnung, so wird man sich der Verschiebung der Begrifflichkeiten von ‚Tragik‘ und ‚Komik‘, wie sie die Weltsicht Becketts notwendig macht, bewußt sein müssen.

Passender dürfte die Bezeichnung *parabolische Farce* sein, da sie sowohl dem Inhalt des Stückes — der eine Parabel ist — als auch seiner Vermittlung durch die Clownerie der Farce gerecht wird.

3. Ist „Warten auf Godot" ein christliches Stück ?

Eine metaphysisch orientierte Kritik hat eine Vielzahl von Argumenten beigebracht für eine christliche Deutung des Stückes. Vereinfachend lassen sich ihre Argumente etwa folgendermaßen zusammenfassen:

1. Godot gleiche äußerlich einer „Bilderbuch"-Gottesvorstellung; also bedeute ein ‚Warten auf Godot' das Harren auf die Gnade Gottes;
2. das Warten von Becketts Landstreicher-Clowns gleiche dem Warten der Gläubigen auf das Jüngste Gericht; dieses jedoch bliebe entweder aus oder sei nicht programmierbar;
3. Wladimir und Estragon seien als Repräsentanten einer christlichen Tradition antithetische Figuren; der eine versinnbildliche ihre Ideale, der andere die heute praktizierte Wirklichkeit. Als Beweis gelten hier die Bibelanspielungen im Text.

Diese drei Grundauffassungen werden nun in verschiedener, gelegentlich sich auch überschneidender Argumentation vertreten. So möchte Eva Metman das Stück wie folgt verstehen:

„Aus alledem dürfen wir schließen, daß Godot mehrere Züge gemein hat mit dem Bild Gottes, wie wir es aus dem Alten und dem Neuen Testament kennen. Sein weißer Bart erinnert einen an das Bildnis Gottes als alter Vater. Seine irrationale Vorliebe für den einen Bruder [den Jungen] spielt auf Jehovas Verhalten Kain und Abel gegenüber an; das gleiche gilt für seine Macht, diejenigen zu strafen, die es wagten, ihn fallenzulassen. Der Unterschied zwischen Ziegenhirte und Schafhirte gemahnt an den Sohn Gottes als letzten Richter, als ein Retter, auf den die Menschen warten und warten. Hier könnte er wohl gemeint sein als ein zynischer Kommentar über den Jüngsten Tag und das Erscheinen Christi, während sein Nichtstun ein gleichermaßen zynisches Licht würfe auf den hoffnungslosen Zustand des Menschen. Dieser Zug des Stückes — zusammen mit Becketts Angabe über etwas, ‚das die Zukunft für uns bereithält, nicht etwas, das wir in uns tragen' — scheint klar anzudeuten, daß Beckett die Sterilität eines Bewußtseins zeigen möchte, das sich im Erwarten erschöpft und auf das althergebrachte Eingreifen Gottes oder der Götter wartet. Aber das ist nicht alles. Wir wollen auf den Unterschied zwischen Ziegenhirt und Schafhirt noch einmal zurückkommen. Im Gegensatz zu Matthäus (25, 33), wo es heißt: ‚Und er wird die Schafe zu seiner Rechten, die Böcke aber zu seiner Linken setzen', ist es im Stück der Schafhirt, der geschlagen und der Ziegenhirt, der bevorzugt wird. Was Wladimir und Estragon von Gott erwarten, ist Nahrung und Obdach, und Ziegen sind mütterliche, milchspendende Tiere. In der Antike haben sogar die Ziegenböcke unter den Gottheiten, Pan und Dionysos, ihren Ursprung im Kult der großen Mutter [...]" (Metman, S. 125; Übers. der Verf.)

Man sieht hier, wie eine Interpretation nicht nur die im Stück heterogensten Elemente wahllos vereint, sondern wie sogar darüber spekuliert wird, ob die

Ziege oder das Schaf das nützlichere Tier sei. (Was dieses Argument betrifft: auch Schafe spenden Milch, nicht nur das, sondern auch Wolle ...) Nun sagt alles dies wenig aus über die Intentionen des Stückes oder seines Autors. Das bedeutet nicht, daß eine — wie weithergeholte auch immer — christliche Interpretation des Textes nicht *möglich* wäre. In gewisser Weise lädt Beckett ja zu einer Vielzahl von Auslegungen ein durch die ihm eigene, weit „offene" Form der Parabel. Aber was sicherlich den Charakter des Stückes in der oben zitierten Passage völlig verfehlt, ist die absolute Gewißheit, mit der solche und ähnliche Schlüsse vorgetragen werden. Hierzu vergleiche man auch den folgenden Auszug:

„Beiden [Wladimir und Estragon] gemein ist die christliche Tradition. Wladimir re-präsentiert ihre Ideale und ihre Moralität, Estragon ihre heutige Wirklichkeit. Wla-dimir verläßt sich auf die traditionelle Hoffnung, auf Erlösung (die Zeugnisse dafür in den Evangelien sind umstritten) und die Verheißung von Christi Wiederkehr. Estragons Ersatz für den verlorenen religiösen Glauben ist Zynismus. Die gemein-same Tradition hält sie jedoch noch gefangen und macht sie unzertrennlich. So ist jeder verurteilt, die Rolle des anderen durch die Redensarten von Widerspruch und Gegenrede zu definieren. Der zynische Atheist ist unentbehrlich für den christlichen Idealisten, um dessen Ideale und Moralität zu bestätigen; und der christliche Idealist ist unentbehrlich für den zynischen Atheisten, um dessen Zynismus zu bestätigen. Wladimirs Erwähnung der Bibel ist textbezogen und theologisch. Estragons Reaktion ist autobiographisch und bildbezogen. Aber auf nichts Biblisches. Er reagiert auf die farbigen Karten vom Heiligen Land, als wären sie eine Reisebroschüre. Auf diese Weise enthüllen sie ihre gegenseitige Entfremdung innerhalb einer zwangsläufig ver-dinglichten Tradition. Das Thema Bibel kommt überhaupt nur ‚zum Zeitvertreib' zur Sprache. Auf Inhalt und Bedeutung der Bibel wird keine Rücksicht genommen. Sie wird lediglich dazu benutzt, um mit Konversationsspielen die Zeit totzuschlagen. (Parkin/Wilke, S. 89)

Betrachtet man diese Thesen sorgfältiger, so stößt man abermals auf eine Reihe von Behauptungen, die sich durch den Text nicht abstützen lassen. Nur die augenfälligsten seien hier in Frageform wiederholt:

a) Ist tatsächlich beiden Landstreichern „die christliche Tradition" gemein?
b) Inwiefern wird Estragon durch den Text als „Zyniker" dargestellt?
c) Wo steht, daß Wladimir ein „christlicher Idealist" ist?
d) Ist Wladimirs Anspielung auf die Bibel wirklich „textbezogen und theologisch"?
e) Inwiefern ist Estragons Reaktion darauf — sie wird „autobiographisch und bild-bezogen" genannt — typisch für seine Einstellung zum Glauben?

Das Vorgehen der Deutenden ist hier zweifellos induktiv. Prüfstein der In-duktion ist jedoch immer, ob sie der Konfrontation mit dem Text standzuhal-ten vermag — oder nicht.

Einige Auszüge aus kritischen Reaktionen mögen genügen um darzulegen, daß diese Art der Auslegung der genaueren Überprüfung bedürfte:

„Herr Beckett hat seinen Tee mit mysteriösen Anspielungen gewürzt. Sein Wladimir mag das Neue Testament und ist mit Bedrängnis erfüllt durch den Umstand, daß nur einer der Evangelisten die Tatsache erwähnt, daß einer der beiden mit Christus gekreuzigten Diebe gerettet wurde. Der weniger scharfsinnige Estragon mag das Alte Testament mit seiner Karte des heiligen Landes, wo er einmal plante, seine Flitterwochen zu verbringen." (Henry Hewes in: Saturday Review vom 5. Mai 1956; zit. nach Cohn, S. 67; Übers. der Verf.)

„Die tragende Bildlichkeit in *Warten auf Godot* ist eine christliche, denn in der Tiefe der Erfahrung, in die Herr Beckett vordringt, steht ihm keine andere Quelle der Bildlichkeit zur Verfügung. [...] *Warten auf Godot* ist ein modernes moralisches Spiel über ewige christliche Themen. Sogar dann, wenn die christliche Basis der Struktur nicht offensichtlich wäre, unterstreicht Herr Beckett sie für uns im gelegentlichen Gebrauch von Symbol und Dialog [...]" (G. S. Fraser in: The Times Literary Supplement vom 10. Februar 1956; zit. nach Cohn, S. 133 f.; Übers. der Verf.)

Man weiß, daß Beckett in seinem Stück eine christliche Tendenz nicht beabsichtigt hatte. Dies würde der von ihm intendierten Realisierung einer absurden Weltsicht geradezu diametral zuwiderlaufen. Die Anspielungen auf das Christentum, die das Stück enthält, dienen also einem anderen Zweck als einer — wie auch immer gearteten — Auseinandersetzung mit dem Christentum.

Am Text klar zu belegen ist, daß das Christentum weder bestätigt noch in Frage gestellt wird. Das Gespräch über die Bibel, das die Landstreicher führen, bleibt ergebnislos. Für die Figuren Becketts ist es letztlich völlig belanglos, ob und wann Estragon einmal die Bibel gelesen habe. Das Gespräch wendet sich sogleich relevanteren Fragen zu: wie es Estragons Fuß denn gehe. Und die Geschichte der beiden Schächer, die Estragon noch nicht einmal hören möchte, wird tatsächlich nur „zum Zeitvertreib" angeschnitten. Estragons Unkenntnis des „Erlösers" und des Verdammungsortes, der „Hölle", beendet den Disput. Becketts Figuren haben lange mit Fragen des Dogmas abgeschlossen, ebenso wie sie mit der Umwelt im gemeinsprachlichen Sinne abgeschlossen haben. Was ihnen bleibt, ist die Verdinglichung von Relikten jedweder Tradition — auch und unter anderem der christlichen —, die aber grundsätzlich ohne Einfluß auf ihr Geschick und die Dialektik des Stückes bleibt. Diese jedoch kreist nicht um ein Erlöserprinzip bzw. eine Erlöserfigur im christlichen Sinne, sondern um den Zustand des Ausharrens, der sich an den vagen Trost einer ganz und gar unchristlichen Epiphanie klammert, ungeachtet, ob diese erfüllbar ist oder nicht.

Natürlich bleibt es dem Zuschauer unbenommen, über die Präsenz christlicher Elemente im Stück zu spekulieren. Beckett regt ja in gewisser Weise diese Spekulation an, indem er ‚blinde' Anspielungen und Symbole verstreut. Was er damit zeigen will, ist vielleicht der Befund, daß das menschliche Dasein, auch wenn dessen Hoffnungslosigkeit schon längst besiegelt ist, letztlich nicht ohne die Spekulation auskommen kann.

4. Die „invertierte" Parabel

Die Kritik scheint sich in der Annahme einig, daß *Warten auf Godot* ein parabolischer Text sei. Über den Sinngehalt, die ‚Bedeutung' der Parabel herrscht jedoch weitgehend Uneinigkeit. Beckett selbst soll auf die Frage, was denn mit „Godot" gemeint sei, geantwortet haben: „Wenn ich das wüßte, hätte ich es im Stück gesagt." (So Alan Schneider, der erste amerikanische Regisseur, der das Stück in den Vereinigten Staaten aufführte.) In der gleichen Quelle findet sich eine andere charakteristische Äußerung des Autors, der, nach dem Thema des Stückes gefragt, sich auf die Schriften des Augustinus bezog:

„Bei Augustinus findet sich folgende wunderbare Passage. Ich wünschte, ich könnte sie im lateinischen Original wiedergeben, denn sie klingt dort besser als im Englischen. Sie heißt: ‚Verzweifelt nicht: einer der Diebe wurde gerettet. Seid nicht anmaßend: einer wurde verdammt.'" (zit. nach Alan Schneider; Übers. der Verf.)

Nun wird der Deutende mit beiden Äußerungen nicht viel anfangen können. Für eine ‚hermetische' Parabel, wie man sie etwa von Kafka kennt, würden sie gewiß keinen Schlüssel liefern. Eines jedoch geht klar daraus hervor: bei *Warten auf Godot* kann es sich um keine hermetische Parabel handeln, wenn der Autor selbst die Existenz eines inneren Wahrheitskerns verneint — wie im ersten Zitat — oder diesen bewußt in die Schwebe stellt, wie in der zweiten Stelle. Es handelt sich bei dem Stück um eine neue Form der Parabel, die sich folgendermaßen beschreiben ließe:

„Denn um die Fabel zu derjenigen Daseinsform, die Form oder Prinzip nicht mehr kennt, und in der das Leben nicht mehr weitergeht, zu erzählen, zerstört er Form und Prinzip der Fabel: die zerstörte, nämlich die nicht weitergehende Fabel wird nun zur angemessenen Fabel vom nicht weitergehenden Leben. Will man daher Becketts ‚Inversion' zurückübersetzen, so bedeutet seine sinnlose Parabel vom Menschen die Parabel vom sinnlosen Menschen. [...] wenn sie sich Inkonsequenz erlaubt, so, weil Inkonsequenz ihr Gegenstand ist; wenn sie es sich leistet, keine ‚Handlung' mehr zu erzählen, so, weil sie vom nichthandelnden Leben handelt; wenn sie es sich herausnimmt, keine ‚Geschichte' mehr zu bieten, so, weil sie den geschichtslosen Menschen darstellt. Daß die Ereignisse und Redefetzen, aus denen das Stück sich zusammenstoppelt, unmotiviert auftauchen, unmotiviert abreißen oder sich einfach wiederholen [...], all das braucht also niemand zu leugnen: denn diese Unmotiviertheit ist motiviert durch ihren Gegenstand; und dieser Gegenstand ist das Leben, das keinen Motor mehr kennt und keine Motive." (Anders, S. 32)

Mit der „invertierten" Parabel Becketts verhält es sich wie mit dem ‚blinden' Symbol ‚Godot': die eine zeigt, in Form einer Quintessenz, die die Handlung — das Warten — trägt, daß es keine andere Quintessenz außer dem Warten gibt. Und das andere symbolisiert eben dieses Warten, zusammengepreßt auf das Wort „Godot", ohne daß dieses Symbol etwa essenziell vom Text erfüllt würde oder auch nur erfüllbar sei. Die ästhetische Vermittlung, das Spiel, gleicht dem Inhalt dieser Vermittlung. Das Warten, das auf der Bühne „vorgespielt" wird, ist der eigentliche Sinn des Spiels. Die absolute „Vertilgung des Stoffes durch die Form", die Idealvorstellung der deutschen Klassik ist hier Wirklichkeit geworden, freilich auf eine Weise, die sich kein Künstler des neunzehnten Jahrhunderts hätte träumen lassen.

Nicht nur ist es verfehlt — wenn auch möglich im Rahmen der invertierten Parabel — nach einer Gottfigur zu suchen hinter dem verspielten Godot-Symbol, es geht auch letztlich an der Intention des Stückes vorbei, die Parabel ausfüllen zu wollen mit einer transzendenten Wahrheit. Sowohl die Idee eines *deus absconditus* hat man im Treiben der Landstreicher-Clowns sehen wollen als auch eine Art des negativen Gottesbeweises. (Von einem „Gottesbeweis *ex absentia*" geht etwa Anders aus, Esslin spricht von der „tragischen" Schwierigkeit, das eigene Selbst zu erfahren.) All dies würde das Stück überfordern:

„Aber Becketts Stück ist kein christliches Mysterienspiel. So oft auch auf Schuld angespielt wird, wird doch nirgends der Glaube an die göttliche Gnade und die Erlösung durch Jesus Christus laut. Die christlichen Interpretationen nehmen Stoff für Gehalt. *En attendant Godot* ist nicht mehr als das Drama des Wartens. Das Warten auf Godot, auf die Nacht, auf irgendein Ereignis, wird ausgefüllt durch Reden und vielfältiges Spiel. Da das Warten oft enttäuscht worden ist, Godot sich nicht gezeigt hat, nichts Entscheidendes geschehen ist, gehört viel Mut dazu, dennoch weiterzumachen. Dieser Mut, diese Ersatzhoffnung, läßt das Geschehen des Stücks nur noch in geringem Maß zielgerichtet erscheinen. Da der Bogen jedes Aktes und des ganzen Stücks so wenig gespannt ist, gerät die Aufführung, das Spiel, in den Mittelpunkt und wird zum eigentlichen Inhalt." (Schoell 2, S. 28)

Im Gegensatz zu *Endspiel* ist das Warten hier nicht eine grausame Qual; es mündet aber auch nicht in die Finalität des dort klar erlösenden Todes. In gewisser Weise bedeutet *Endspiel*, das ja auch eine Variation darstellt über das gleiche Thema vom sinnlosen Leben, einen Rückschritt des Autors, denn an Stelle des statischen Spiels und der ebenso statischen Verzweiflung der Figuren des früheren Stücks tritt hier die Folter, der sado-masochistische Bezug von Lebewesen zu Lebewesen als die einzig übriggebliebene, aber durchaus dynamische Existenzform. Diese Dynamik kennt *Warten auf Godot* nicht; was überhaupt noch an Bewegung existiert, hat lediglich Spielcharakter. Der Titel hat Schlüsselfunktion für die „invertierte" Parabel; sie ist ein Spiel des Wartens, nicht mehr und nicht weniger.

5. Warum warten die Figuren Becketts ?
Zum Begriff des Rituals

Leben wird Wladimir und Estragon zum bloßen Zeitvertreib. Die kleinen, sinnlosen Tätigkeiten, die sie ausführen und die so oft in Clownerie münden, vermögen sie kurzzeitig darüber hinwegzutäuschen, daß eben doch nichts geschieht. Die breiige Substanz einer nicht mehr schwindenden — Adorno hat den Vergleich zum ersten Mal gebraucht — aber doch noch dahinkriechenden Zeit kann nur noch kurzzeitig aufgerührt werden: durch die oft schmerzhafte Bewußtwerdung der eigenen Körperlichkeit, durch das Zählen von Rüben, das Binden von Schnürsenkeln, das Hinzutreten und Abtreten des Paares Pozzo : Lucky. Was den Strom vollends zum Stillstand bringt, ist die leitmotivisch verwendete Frage: ‚Was tun wir hier eigentlich?‘ Und diese Frage verlangt immer die gleiche Antwort: ‚Wir warten auf Godot.‘

Im Stillstand dieses Augenblicks der Reflexion offenbart sich zweierlei. Einmal das Bewußtwerden des eigenen Daseins, und das bedeutet: der eigenen Vergänglichkeit. Die Frage könnte lauten: ‚da ich vergänglich bin, warum befinde ich mich zu diesem Zeitpunkt an diesem Ort — warum handle ich nicht, ehe es zu spät ist?‘ Die Antwort ist vieldeutig in ihrer Einfachheit. Denn es gibt weder einen anderen Zeitpunkt — auf Kategorien wie ‚heute‘ oder ‚morgen‘ ist beileibe kein Verlaß —, noch einen anderen Ort, noch etwas zu tun. Das Wissen um die eigene Vergänglichkeit, das die Figuren Becketts hier erfahren, nähert sich grauenvoll dem Wissen um eine Zeit, in die man sich gestellt sieht, die keinen Anfang hat und kein Ende. An die Stelle des historischen Bezugssystems, an dem sich das individuelle Zeitdenken messen kann, ist die Ewigkeit eines Daseins getreten, das sich nur noch im Hinwarten auf eine unerfüllbare Zukunft erkennen kann. Eine Zukunft, die schon lange Vergangenheit geworden ist.

Eine Entscheidung für oder wider dieses Dasein gibt es nicht. Sogar der Selbstmord taugt nicht mehr als ein Ausweg. Was bleibt, ist die Erfüllung eines ewig sich wiedervollziehenden Rituals des Wartens. Leben bedeutet also nicht nur Zeitvertreib, sondern den stetigen Nachvollzug dieses Rituals. Am Ende des ersten Aktes wird in dem zweifachen „nicht mehr" die Endgültigkeit dieses Wartens gleich stark betont wie am Ende des zweiten.

Die Frage nach der Motivation des Rituals hat die Kritik — mit sehr unterschiedlichen Ergebnissen — stark beschäftigt. Die Spannbreite möglicher Interpretationen rangiert von der Annahme tiefenpsychologischer Gegebenheiten im Text (Esslin) über die Demonstration einer „nihilistischen" Weltanschauung (Nadeau) oder eines von Schopenhauer beeinflußten Existenzialpessimismus (Hesse) bis hin zu einem ideologiekritischen Ansatz (Adorno, Emrich). Was hier, bei aller Widersprüchlichkeit möglicher kritischer Deutungsversuche zur Klarheit verhilft, ist die Rückbesinnung auf den Text. Kurz vor dem Ende des Stückes fragt Estragon: „Und wenn er kommt?" Die Antwort: „Sind wir gerettet." In der Verneinung heißt das ganz klar: ‚Wenn er nicht kommt, sind wir verloren.‘ Die Antwort bleibt in der Schwebe. Sie ist auch letztlich nicht entscheidend. Denn ungeachtet, ob Godot wirklich erscheint, oder nicht: Wladimir und Estragon werden weitermachen. Was sie dazu veranlaßt, ist der Mut des Sisyphus, ist die Bejahung eines an sich sinnlosen Aktes durch den Menschen, der nur seine Existenz hat und sie zu realisieren sucht, in wie sinnloser Weise auch immer. Die einzige Möglichkeit, „daß der Mensch als freie, autonome Person sich realisiere" (Emrich, S. 205), liegt im Nachvollzug dieses Rituals. Wenn „Becketts Ecce Homo" tatsächlich „ist, was aus dem Menschen wurde" (Adorno), wenn das Stück wirklich eine Endzeit darstellt *nach* der Erledigung aller Ideologien, *nach* der „Abdankung des Subjekts" (Adorno), dann stellt es zugleich noch immer, in äußerster Reduktion, die Affirmation der menschlichen Möglichkeit *zu sein* dar.

6. Der gesellschaftliche Bezug

Der Erfolg Becketts gründet sich in erster Linie auf *Warten auf Godot;* ähnlich erfolgreich wurde sein späteres *Endspiel.* Beiden Stücken sagt man nach, daß es gerade ihre weitgehende „Offenheit" für jede nur denkbare Publikumsdeutung sei, die ihnen ihren Erfolg sichere. Dies mag zum Teil stimmen. *Warten auf Godot* erlaubt eine Vielzahl von Annäherungen, deren peripherste und zugleich differenzierteste vom Spielcharakter des Stückes ausgehen können. An der Peripherie mag es dem einen Theaterbesucher genügen, die Clownerien der vier Akteure auf der Basis grober Situationskomik zu rezipieren und den Sinn der Parabel dabei zu vergessen. Ebenso wird das ‚Spiel' im Zeitvertreib demjenigen die ästhetische Substanz vermitteln, der sich ihr nicht verschließt.

Auf die Frage jedoch, was das Stück im Kontext einer gegebenen modernen Gesellschaft leiste, die aufgespalten ist in ideologische Lager, die mit den globalen Krisen ebensowenig mehr fertig werden kann wie mit der eigenen Tradition, wird eine Antwort schwer fallen. Becketts Texte sind auf den ersten Blick keine engagierte Literatur. Die Probleme, die die Umwelt von heute schütteln, haben sie hinter sich gelassen wie eben jene Umwelt überhaupt. Der materialistische Kritiker Leo Kofler greift derart auch Becketts Stück eindeutig an:

„Der in der nihilistischen Ideologie sich als ein ‚absurder' widerspiegelnde Mensch drückt die heutige Entfremdung aus, wenn auch wiederum nur in ihrer scheinhaften ideologischen Gestalt; da die nihilistische Literatur ein Teil dieser Ideologie ist, kann man sagen, daß sie die im bürgerlichen Bewußtsein verfestigte ideologische Widerspiegelung des Menschen als eines ‚absurden' ästhetisch verabsolutiert; damit verzerrt sie den Menschen, obwohl sie ihn in seiner äußeren Erscheinungsweise richtig widerspiegelt." (2, S. 154)

Woran mangelt es der Welt Becketts nach Koflers Ansicht?

„Um es noch deutlicher zu sagen: Beckett hätte konkrete und soziologisch scharf pro-
filierte Gestalten aus dem heutigen Leben auf die Bühne bringen müssen, um die von
ihm erkannte und dichterisch gestaltete Problematik in einem ästhetisch vollgültigen
Sinne lösen zu können; er hätte Arbeiter oder Kleinbürger, Bourgeois oder Bürokra-
ten, Hausfrauen oder Handwerker usw. auf die Bühne stellen müssen, um seine
Kunst ästhetisch konkret und im Sinne der dialektischen Entgegensetzung von ideo-
logischem Schein und durchscheinendem Wesen zu bringen. Erst in der Rezeption der
in solchen Gestalten sich wirklich verfangenden Dialektik von Tun und Getanwer-
den, Hoffnung und Hoffnungslosigkeit, Leben und Selbstmord, Freiheit und Unfrei-
heit usw. wird heutige Kunst, die sich darin von der Kunst anderer Epochen im
Prinzip nicht unterscheidet, zur ästhetisch vollgültigen Kunst. Für Becketts *Godot* gilt
dagegen die Richtigkeit der Beobachtung, daß die allegorisierende Vereinseitigung
zum ‚Absurden‘, weil sie penetrant ‚zutreffend‘ ist im Sinne der naturalistisch-ober-
flächenhaften Reflexion des herrschenden ideologischen Nihilismus, überrascht und
‚überzeugt‘, d. h. das Publikum auf die ästhetische Ebene der naturalistischen Un-
kunst abdrängt; es ist nicht zufällig überwiegend ein a priori dem Nihilismus und
seinem ‚absurden‘ Lebensgefühl ergebenes Publikum, dem sich ebensowenig zufällig
die bürgerlichen berufsmäßigen Ideologen anschließen. Die Abstraktion täuscht
‚Tiefe‘ vor, wo eigentlich nur der Augenschein des Alltagsverstandes herrscht.“
(2, S. 158)

Sieht man einmal ab von Koflers Postulat einer „ästhetisch vollgültigen
Kunst“ — was immer dies sein mag —, so stehen sich hier, in Form des
Stückes und seiner Kritik, zwei unvereinbare Postulate gegenüber. Beckett
hat nie ein Bekenntnis abgelegt zum sozialistischen Realismus, wie er hier
propagiert wird; und er verdient es nicht, an seinen Maßstäben gemessen zu
werden. Die Beckettsche Reduktion der menschlichen Klassengruppierung
auf zwei Landstreicher-Clowns und einen Grundbesitzer mit seinem Sklaven
stellt wahrhaftig nicht den Versuch dar, die gegenwärtigen ‚Herrschaftsver-
hältnisse‘ glaubwürdig abzubilden. Doch warum hätte es Beckett um eine
solche Abbildung zu tun sein sollen? Es geht ihm eben nicht darum, den
„Arbeiter“ wie den „Bourgeois“ zu zeigen auf der „Höhe der an sie gestellten
Anforderungen“. Die Maßstäbe der Kritik Koflers sind für den Text Becketts
einfach falsch angelegt, weil sie von der Prämisse ausgehen, daß es dem
ästhetischen Produkt obliegt, das Phänomen des Klassenkampfes direkt und
ohne abstrahierende Brechung zu vermitteln. Dies ist jedoch nicht die Intention Becketts. Wladimir und Estragon sind Gestalten, die, möchte man einmal die Zahl der gegebenen Alternativen bewußt verringern, *nach* der end-
gültigen Austragung aller Klassenkämpfe denkbar wären. Pozzo und Lucky
hingegen halten im leeren Ritual ihres Verhältnisses an historischen Abhän-
gigkeitsstrukturen fest, die sich jedoch im Lauf des Stückes aufweichen. Sie
demonstrieren — nicht etwa in der Allegorie, sondern in höchst einfacher
Konkretisierung — den Zustand einer menschenunwürdigen Unterdrückung,

die den (erblindeten) Unterdrücker letztlich ebenso dehumanisiert wie den (verstummten) Sklaven.

Der gesellschaftliche Bezug dieser Konfiguration ist evident. Beckett schildert auch in Lucky und Pozzo Endtypen, die ziellos, blind und hinfällig nur noch herumtappen, nachdem der Vorrat an Vorwänden für ihr Verhältnis verbraucht ist. Die Grenzen jedoch real anwendbarer Ideologiekritik und einer Darstellung der *conditio humana* in diesem Paar verwischen sich: die Anwendbarkeit des Bildes auf einen konkreten Ausbeutungszusammenhang steht gleichberechtigt neben jener, die eine allgemeine Entwürdigung durch ein Subjekt-Objekt-Verhältnis im Sinne jeder Art von Hörigkeit vorsähe. Was Beckett hier praktiziert in der schonungslosen Demaskierung einer Zuordnung — Lucky braucht den tyrannischen Pozzo am Ende ebenso wie jener sich an sein Opfer klammert — geht weit über einen gesellschaftskritischen Ansatz hinaus, der sich bequem auf bestehende Mißverhältnisse anwenden ließe.

Auch Wladimir und Estragon begründen eine gesellschaftliche Aussage. Doch zunächst, als Verkörperung des Menschlichen überhaupt, widerlegen sie jede „nihilistische" Deutung des Stückes im Ansatz. Gerade die unmittelbare Präsenz des Humanen in den abgerissenen, von ihren Gebresten geplagten, an ihrem Mut im Ritual eines sinnlosen Wartens jedoch festhaltenden Landstreichern läßt die Annahme einer nihilistischen Weltsicht als völlig grundlos erscheinen. Der Trost, den das Stück vermittelt, geht eben nicht von der vage versprochenen Zukunft einer Metaphysik aus, sondern nur von der Gegenwart des anderen in einer buchstäblich ‚aussichtslosen' Situation. Und der gesellschaftliche Appell des Texts, der auch in den beiden Hauptfiguren Endtypen einer gerade noch menschenmöglichen Existenz darstellt, möchte dazu aufrufen, über die Grundbedingungen dieser Existenz nachzudenken, wenn sie all dessen entkleidet ist, was ihr die Umwelt aufzwingt: Besitztum, soziale und ökonomische Konstellationen, Ideologien. In Becketts *Warten auf Godot* hat am Ende nur noch das Individuum Bestand.

V. „Warten auf Godot" auf der Bühne: Kritik und Wirkung

1. Zur Aufführungsgeschichte

Das Stück wurde am 3. Januar 1953 in dem kleinen Théâtre de Babylone in Paris uraufgeführt in der Inszenierung von Roger Blin. Die Rolle Wladimirs wurde von Lucien Rainbourg, die des Estragon von Pierre Latour, die Pozzos von Roger Blin und diejenigen Luckys und des Jungen von Jean Martin und Serge Lecointe gespielt. Die Aufführung wurde von der Kritik mit großem Interesse und mit Lob aufgenommen: es ergab sich eine lebhafte Diskussion, die von vornherein die vielschichtige Bedeutung des Werks anerkannte. Weitere wichtige französische Aufführungen fanden statt im Théâtre Hebertot 1956 und im Odéon-Théâtre de France 1961 (beide inszeniert von Roger Blin) und im Théâtre Chaptal 1966 (inszeniert von Georges Daniel).

In den Jahren 1953—1966 wurde das Stück in Berlin, London, Miami, Dublin, New York, Ljubliana, Belgrad, sowie in allen westeuropäischen Ländern, in der Türkei, in Israel, in Südamerika und Japan — um nur einige zu nennen — aufgeführt. Innerhalb weniger Jahre nach der Uraufführung wurde Becketts Stück zum Welterfolg und zum „Klassiker" des modernen Dramas.

Warten auf Godot ist eines der wenigen avantgardistischen oder absurdistischen Dramen, denen eine derart breite Anerkennung durch das Publikum zuteil geworden ist. Das Stück wurde zuerst als ein Kuriosum, dann aber als eine Aussage von geradezu unbegrenzter philosophischer, religiöser und gesellschaftlicher Spannbreite begriffen. In Deutschland war *Warten auf Godot* von Anfang an — mit wenigen Ausnahmen — ein schlagender Publikumserfolg und wurde 1971, 1976 und 1984 ins deutsche Fernsehprogramm aufgenommen.

Merkwürdigerweise kam der Erfolg des Stückes in den angelsächsischen Ländern, vor allem in den Vereinigten Staaten, um mehrere Jahre verspätet. Die Londoner Aufführung (1955) wurde mit Mißtrauen und Empörung aufgenommen, vor allem — wie die Kritik in der „London Times" bemerkte — wegen der Irrationalität und der Ungreifbarkeit des Stückes: „das englische Publikum lehnt charakteristisch alles ab, was nicht unmittelbar zu verstehen ist." (Sunday Times, London, vom 7. August 1955, zit. nach Cohn, S. 27;

Übers. der Verf.) Manche Kritik ist noch viel klarer in ihrer Empörung: „Ich bezweifle, ob ich jemals ein schlechteres Stück gesehen habe." Im gleichen Kommentar bedauert die Rezensentin ausdrücklich, daß Wladimir und Estragon ihre Absicht, sich aufzuhängen, nicht ausgeführt haben (Marya Mannes in: The Reporter [London] vom 20. Oktober 1955; Übers. der Verf.).

Die Erstaufführung in den Vereinigten Staaten (Miami 1956) wurde ebenfalls einhellig von Publikum und Kritik als belanglos und langweilig abgetan: „eine Zumutung". Am ersten Abend waren die Zuschauerplätze im Cocoanut Grove Playhouse — die alle ausverkauft waren — nach dem ersten Akt fast zur Hälfte verlassen. Die Kritik in der „Variety" beschrieb Becketts Stück als „ermüdenden Zweiakter, ziellos in der Durchführung, bar jeder Spannung [. . .], der wenig zu bieten hat, um das Interesse des Theaterbesuchers aufrecht zu erhalten, [. . .] eine bedauerliche Verschwendung von Talent."

Aus der Kritik der New Yorker Aufführung (April 1956) ergeben sich unverhohlen die kritischen Maßstäbe des amerikanischen Publikums. Zunächst wurde festgestellt, das Stück sei „nicht für normale Theaterbesucher, sondern nur für Intellektuelle" bestimmt [in diesem Zusammenhang ist die Klassifizierung des ‚Intellektuellen' ein Schimpfwort!] (Walter Kerr, zit. nach Cohn, S. 59). Dann stellte das amerikanische Publikum rasch fest, das Stück sei nicht „optimistisch" — und Optimismus darf auf der amerikanischen Bühne nicht fehlen. Dazu die Vermutung einer parabolischen Anlage, zusammen mit „verwirrendem" Dialog, dann die Entrüstung über die Tatsache, daß „nichts geschieht". Interessanterweise fand *Warten auf Godot* in den USA die einzige einstimmige Begeisterung bei den Insassen des Gefängnisses San Quentin (Cohn, S. 83—85).

Trotz aller Ablehnung wurde das Stück im nächsten Jahr — im Januar 1957 — wieder aufgeführt. Im Laufe der Jahre hat sich die Entrüstung etwas gelegt, als dann die Bedeutung und das Gewicht des Stückes auf andere Weise — und in anderen Ländern — bestätigt wurden. In der amerikanischen Rezeption darf man eine — unfreiwillige — Parallele zum Inhalt des Stückes sehen: denn das Publikum, das offensichtlich darauf *gewartet* hatte, daß die Zeit im Theater angenehm vertrieben würde, reagierte — wie Estragon — mit Entrüstung, als seine Hoffnung, „Dann vergeht die Zeit" enttäuscht wurde.

Die wichtigsten Stationen der Aufführungsgeschichte auf deutschen Bühnen bis zur Mitte der achtziger Jahre:

1953   Berlin, Schloßpark-Theater (Regie Karl Heinz Stroux)
1953   Frankfurt/M. (Gastspiel der frz. Truppe des Théâtre de Babylone)
1953   Köln (Regie Siems)
1953   Kassel (Regie Prof. Albert Fischel)

1954 Wuppertal (Regie Alois Garg)
1954 München (Regie Fritz Kortner)
1965 Berlin (Regie Deryk Mendel)
1965 Frankfurt/M. (Gastregisseur Stavros Doufexis)
1970 Basel (Regie Hans Bauer)
1970 Salzburg (Regie Otomar Krejca)
1971 — Westdt. Fernsehen (Basler Auff., Regie Hans Bauer)
1971 Stuttgart (Regie Peter Palitzsch)
1974 Darmstadt (Regie Wolfgang Müller)
1975 Berlin, Schiller-Theater (Regie S. Beckett)
1976 — ZDF (Schiller-Theater-Auff., Regie S. Beckett)
1978 Frankfurt (Regie Peter Roggisch)
1982 Regensburg (Regie Barbara Osterkamp: weibliche Besetzung)
1983 Heidelberg (Regie David Mouchtar-Samorai)
1983 Gießen (Regie Henri Hohenemser)
1984 München (Regie George Tabori)
1984/85 Köln (Regie Jürgen Gosch)

Die Berliner Aufführung im März 1975 unter der Regie von Beckett selbst
gilt als die bisher definitivste und gelungenste: „Samuel Beckett [...] inszeniert zwar immer wieder seine Stücke, doch sucht er keine Veränderung — er
sucht nur die Vollkommenheit. In Berlin hat er sie gefunden." (Georg Hensel
in: Frankfurter Allgemeine Zeitung vom 10. 3. 1975) Die Schiller-Theater-
Inszenierung (mit Stefan Wigger als Wladimir, Horst Bollmann als Estragon,
Carl Raddatz als Pozzo und Klaus Herm als Lucky) wurde mit großem Erfolg in New York City aufgeführt: Niemand, versicherte der Rezensent der
„New York Times", brauche jetzt noch auf den definitiven *Godot* zu warten.
Mit derselben Vokabel „definitiv" pries auch die „New York Post" die Schil-
ler-Theater-Produktion. (Sabina Lietzmann in: Frankfurter Allgemeine Zeitung vom 12. April 1977.) Diese wurde auch 1976 in der ZDF-Reihe „Die
aktuelle Inszenierung" im deutschen Fernsehen gesendet und 1984 wiederholt.

Die Rezeption von *Warten auf Godot* auf der deutschsprachigen Bühne ist
eindeutig zustimmend. (Als einzige größere Ausnahme unter den erfolgrei-
chen Aufführungen steht die Münchener Inszenierung [1954] — die vom
Publikum mit Pfeifen und Gelächter aufgenommen wurde — siehe unten.)
Vor allem nachdem die erste kritische Frage — „Wer ist Godot?" — sich als
überflüssig erwiesen hat, und nachdem man sich damit abgefunden hat, daß
er *nicht* kommt, tritt die wirkliche Substanz des Stückes klar zum Vorschein.
Merkwürdig für die deutsche Rezeption ist die Konzentration auf die Figur
Luckys: es scheint fast als ob, wenn die Darstellung dieser Figur gelingt, das
allgemeine Gelingen des Stückes damit nahezu gesichert ist. So vermerkt
Hilde Spiel in der Frankfurter Allgemeinen Zeitung vom 26. August 1970:

„Für Krejca [den Regisseur der Salzburger Aufführung], der dem religiösen Element
im ‚Gogo' nachspürt, wird Lucky zur Hauptfigur, zum Träger der Menschheitspas-

sion, zu Christus zwischen den beiden Schächern (Gogo und Didi), vom göttlich-irdischen Machtprinzip (Pozzo) gepeinigt und unterdrückt, zugleich aber auch zum aufbegehrenden Promethiden, der die Grenzen seiner Welterkenntnis sprengen will."

Höhepunkte der Aufführungsgeschichte der achtziger Jahre sind die Regensburger Inszenierung, die zum ersten Mal dieses „männliche" Stück mit einer kompletten weiblichen Besetzung der Rollen durchführt, und vor allem die Inszenierung George Taboris in München, die breite Anerkennung der Kritik und des Publikums findet.

2. Dokumentation

PARIS 1953

Charakteristisch für die frühen Kritiken von Aufführungen im *Théâtre de Babylone* ist die Anerkennung der Substanz, die den Abend im Theater aber nicht weniger „schwer erträglich" macht:

„Man wartet auf Godot" — *Im Pariser Babylon-Theater*

„Der Titel hat etwas Mysteriöses an sich, man muß es zugeben, zugleich etwas Unruhevolles, Erregendes. Er ist attraktiv, und es konnte nicht ausbleiben, daß Samuel Becketts ‚En attendant Godot' sein Publikum in das kleine Theater Babylon am Boulevard Raspail lockt. [...] Man schrie: ein Wunder; eine Offenbarung. Man tat, als könne man nicht ruhig sterben, solange man nicht mit Vladimir und Estragon auf Godot gewartet hätte. Solche Superlative sind immer gefährlich. Und verdächtig. Vladimir und Estragon sind zwei Pennbrüder, die zwei Akte lang eine nachtschwarze Atmosphäre um uns verbreiten und in einem sehr realistisch familiären Jargon das Elend des Daseins und den Jammer, geboren zu sein vor uns dartun. Sie haben sich nichts weiter zu sagen, denn was sie sagen, wissen sie beide bereits seit Jahrzehnten, während derer sie auf Gedeih und Verderb, aus vagen Gefühlen und Gewohnheit, zusammen- und auseinanderstrebend herumtippeln oder -pennen. Sie kennen sich beide auswendig und haben sich mehr als satt, sie sagen es mit einem finster monotonen Vokabular aus Allgemeinplätzen und Redewendungen aus der Gosse ... und warten auf Godot, der nicht kommt.

Aber wer ist Godot? Symbolischen Vermutungen sind keine Grenzen gesetzt, und sie werden für die nicht vorhandene Handlung entschädigen. Das etwas widerliche Gespann von Pozzo und Lucky, widerlich trotz aller Groteske und allen ‚schwarzen' Humors, wird von linksgerichteten Zuschauern als Symbol des Unterdrückers und des Unterdrückten, von angeblich tiefer Schürfenden als Körper und Geist gedeutet. Der zweite Akt gleicht dem ersten fast wie ein Ei und belehrt uns dadurch, daß Godot auch am zweiten Abend nicht kommt.

Stoff für einen Sketch in einem literarischen Kabarett. Aber als abendfüllendes Stück von zwei langen Akten schwer erträglich, selbst wenn es so ausgezeichnet gespielt wird, wie es hier unter der Regie von Roger Blin geschieht. Totale Hoffnungslosigkeit, totale Trostlosigkeit, totaler Wartesaal, totale Öde, totaler Nihilismus, totale

Fratze — das sind keine dramatischen Mittel. Als Mittel eines Un-Theaters oder Antitheaters haben sie vielleicht einen Sinn; aber welchen Zweck? [...]"

(Frankfurter Allgemeine Zeitung vom 21. 3. 1953)

Viel lobender liest sich die Pariser Kritik:

„Theaterliebhaber haben selten das Vergnügen, einen neuen wichtigen Autor zu entdecken, einen Autor, der seinem Dialog wirkliche poetische Kraft verleihen kann, der seine Figuren so beleben kann, daß das Publikum sich mit ihnen identifiziert, mit ihnen leidet und lacht. Einen Autor, der nach einigem Nachdenken sich nicht mit Wortspielereien begnügt, der den Vergleich mit den größten verdient. Wenn das sich ereignet, dann ist es etwas, wovon noch lange die Rede sein wird, woran man sich noch nach Jahren erinnert. Von Samuel Becketts Stück *Warten auf Godot*, das im Théâtre de Babylone aufgeführt wurde, wird noch lange die Rede sein.

Vielleicht haben einige Mäkler sich beklagt, daß dies ein Stück sei, in dem „nichts passiert", weil sie keinen traditionellen Handlungsgang erkennen konnten, so wie ihn zahllose Autoren verwendeten seit Aristophanes oder Plautus. Oder weil sie nach dem Nachhausegehen die Handlung nicht nacherzählen konnten oder ihr verlegenes Gelächter nicht erklären konnten.

Sie hörten die Akteure sprechen, und sie hatten nicht das Gefühl, daß durch ein unerklärliches Wunder — das man ‚Kunst' nennt — Worte plötzlich eine neue Bedeutung annahmen. Sie sahen Leute glücklich sein und leiden, und sie verstanden nicht, daß sie da ihr eigenes Leben erblickten. Aber als der Vorhang fiel und sie den Applaus des Publikums hörten, da verstanden sie zumindest das: Paris hatte gerade in Samuel Beckett einen der besten Dramatiker von heute erlebt. [...]"

(Sylvain Zegel in: La Liberation vom 7. 1. 1953; Übers. der Verf.)

BERLIN 1953

Wir warten auf Godot — Im Schloßpark-Theater (Walther Karsch)

„Drama ist Handlung — wenn nicht äußere, dann wenigstens innere. Kernsatz jeder theatergeschichtlichen oder theaterkritischen Abhandlung. [...] Der in Frankreich lebende, französisch schreibende Ire Samuel Beckett stellt vier Männer auf die Bühne, die nichts tun, als nichts tun. Sie reden — Unsinniges, Gescheites, Verworrenes, metaphysisch Bedeutungsschwangeres, Glasklar-Rationalistisches. Und dabei warten zwei von ihnen auf Godot, den es gar nicht gibt. Er könnte Gott sein, auch der Tod wäre möglich, die Erlösung ebenso, also Christus. Die beiden anderen spielen Herr und Knecht, und manchmal könnte man meinen, der Herr sei Gott und der Knecht der Mensch, aber das Umgekehrte ist auch möglich, denn der am Strick geführt wird, könnte auch den Menschen, dem Strickführer und Peitschenschwinger, umgebrachte Gott sein. Beide sind aneinander gekettet. Der, der den Strick um den Hals hat, und der, der ihn in der Hand hält.

[...] im ganzen gesehen, spielt Stroux die Farce (die düster-ironische) von den Männern, die am Ende angelangt sind, weil sie nie etwas getan haben, als immer nur auf irgend etwas zu warten, genau auf der Linie, die Beckett vorgezeichnet hat. Wie immer ist es ein Vergnügen zu sehen, daß auch hier Stroux auf den geistigen Kern losgeht und dann erst um ihn das dramatische Gehäuse baut. Dabei ist dramatisches Gehäuse schon zuviel gesagt. Man könnte ruhig den ersten mit dem zweiten Akt austauschen, so wenig Entscheidendes hat sich geändert. [...]

[Man wird] sagen, das sei gar kein Theater mehr. Doch mit solchen Prognosen sollte man vorsichtig sein. Die Zuschauer im Schloßpark-Theater nahmen Stück und Aufführung als Theater hin und applaudierten ganz besonders heftig."

(Berliner Tagesspiegel vom 10. 9. 1953)

FRANKFURT/KÖLN 1953

Die Pariser Truppe brachte auch die erste Aufführung auf der deutschen Bühne nach Frankfurt: deutsche Inszenierungen in Köln und Kassel erfolgten im gleichen Jahr. Diese Aufführungen wurden „mit stürmischem Beifall" aufgenommen:

Philosophische Clownerie. Pariser Gastspiel mit „En attendant Godot" in Frankfurt (Karl Korn)

„[...] Die Versuchung, in Becketts Unikum ‚Godot' nach philosophisch-spekulativen Geheimformeln zu suchen und etwa passende Schlüssel zu einer vermuteten Patenttheologie auszuprobieren, hat bereits zu allerlei Kombinationen geführt. Was liegt näher, als laut Kafka zu rufen, wenn ‚gewartet' wird. Hier und da ist bereits, vornehm kaschiert natürlich, der kleine Junge, den Herr Godot zweimal zu den beiden Vagabunden an die Landstraße schickt, als der Bote von drüben, von jenem Drüben, das man philosophisch Transzendenz nennt, bemunkelt worden. Das Stück ist in der Tat voller spekulativer Fußangeln. Was hat es auf sich mit dem Warten der beiden Clochards? Redet der eine nicht von dem Häscher, den Christus am Kreuze vor der Hölle errettet? Warum verwirrt sich den beiden Zeit und Zeitgefühl auf so krause Weise? Wer ist Godot? Was heißt, die beiden seien an Godot gebunden, der im ganzen Stück unsichtbar bleibt und über den nichts zu erfahren ist? Was hat es mit dem brutal großmäuligen Pozzo auf sich, dieser Mißgeburt aus Zirkusdirektor und Manager — und was mit seinem an einem Strick dahergeschleppten Diener und Gepäckträger, einer Schindmähre von einem Menschen, der im ganzen Stück Glieder und Kopf wie in einem schweren Nervenschock schüttelt, ausgerechnet Lucky heißt und auf einem Höhepunkt als schaurige Denkmaschine einen Auftritt hat, der in Paris Sensation gemacht hat. [...]

‚Warten auf Godot' ist ein Gedicht, ein Zaubergespinst von einer Posse mit sublimen, ungemein zarten Pointen. Estragon und Wladimir sind Zirkusclowns. Ihr hintergründig gescheites Schwatzen ist, als hätten sie es in Bergsons Schule der Komik gelernt. Denn ihr Denken und Nachsinnen ist wie ein beständiges Stolpern. Nie tritt einer an die Rampe, um ‚Seinsgeworfenheit' und ähnliche exhibitionistische Erklärungen zum besten zu geben. Beckett hat den Existenzialismus vor dem Geschwätz gerettet. Seine Vagabunden, deren Füße stinken, die gelbe Rüben fressen und ein abgenagtes Hühnerbein vom Boden auflesen, sind, wenn denn gedeutet werden soll, die auseinandergefaltete moderne Innerlichkeit, die mit sich selbst im Dialog steht. Die Clownerie, die in der Pariser Gastspielaufführung mit Zartheit, Präzision und in schwebender Nuancierung gespielt wird, ist als Clownerie die innere Wahrheit der

Aussage. Jedes gedankliche Destillat aus dem Stück würde es zerpflücken und abschwächen. Im Fortschreiten der beiden Akte wird das Leitmotiv ,Wir warten auf Godot' immer komischer und immer wahrer. Das Tragische in der Erscheinung des mit bemooster Melone und zerschlissenem Frack kläglich armseligen Wladimir (Jean-Marie Serreau) wird nie aufdringlich pathetisch. Die beiden Kerls vergnügen sich an Zirkusspäßen, rüpeln, knuffen und leiden — es ist eins. Was sie sprechen, ist dramaturgisch gesprochen vollendete Stichomythie in Prosa. Das heißt: Satz und antwortender Satz ergeben zusammen erst eine Sinnzeile. Was die Pariser Komödianten an Kunst des Sprechens boten, war schlechthin eine Offenbarung. Die Sätze flogen wie federnde Bälle hin und her, her und hin. Dazu eine Mimik und ein beständiges beziehungsvolles Positionswechseln, das die hohe Schule der neueren Pariser Inszenierungskunst und auch die der von dort kommenden Pantomimik verriet. Hier war Kunst wieder einmal das Leichte in der Vollkommenheit. Darum wird, wer so etwas wie eine Heilsbotschaft oder überhaupt eine Verkündigung zu erhalten wünscht, enttäuscht. Und ins Unrecht setzt sich selbst, wer bekritteln wollte, daß die Lumpen in diesem Stück vom vergeblichen Warten auf den merkwürdigen Unbekannten, Herrn Godot, unnütze und destruktive Existenzen seien. Sie sind es. Wer ist es nicht? [...]"

(Frankfurter Allgemeine Zeitung vom 21. 11. 1953)

„allzusehr kölsch ..." Irisch-französisch-deutsch. Becketts „Godot" in Köln

„Wer jetzt die Chance hatte, die theologische Clownerie ,Wir warten auf Godot' des protestantischen Iren Samuel Beckett zunächst in der französischen Fassung zu sehen, in der sie formuliert worden ist, und dann drei Tage später auf deutsch, als Inszenierung der Kölner Bühnen (Regie Siems), der mochte — ohne daß sich wesentliche Abweichungen bemerken ließen — doch so etwas wie Vielfalt in der Einheit feststellen und diese Feststellung für sich selbst verwenden, zur Beförderung der eigenen Nachdenklichkeit. Ganz scheint diese Farce auf einen ,Gott', zu dessen substantieller Qualität es gehört, daß er ,warten läßt' und sich aus seiner ,absence' her nicht zeigen will, sich nicht mit dem französischen Denkgewand, seiner Präzision, seiner dinglichen Sinnlichkeit zu decken. Beckett ist weniger reell, vielleicht auch weniger kulant. Er verbirgt sich und seine Zwecke. Er mixt in sein Versteckspiel so viel Hohn wie Trauer wie Unentschiedenheit. Entschieden ist einzig der Reim: der zweite Akt ist auf den ersten wie ein grandios gerafter Refrain gestülpt. Ausweglosigkeit formt sich durch Wiederholung zu einer Art Litanei.

Wie das die Truppe Jean-Marie Serreaus mit Hilfe komödiantisch präziser Plastik zu ordnen versteht, erscheint als wahrer Glücksfall. Mitunter aber sieht es aus, als würden von soviel sensibler Ordnung die Löcher, Schlünde, Verlorenheiten, Verkommenheiten ein wenig überdeckt, die auch mitzählen müßten ... Die deutsche Regie vermochte sie auch nicht zu fassen, zumal sie im zweiten Teil gerade die Stellen strich, an denen das bodenlos Unstabile suggestiv sinnfällig wird. Immerhin aber gelang es ihr, vielleicht gerade durch ein stockend besinnliches Vorgehen, die schaurige Assoziations-Arie des angeseilten Gepäckträgers Lucky zu einer atemberaubend visionären Drastik vorzutreiben, die dann allerdings den Rest des Stückes sehr beschattete. [...]"

(Frankfurter Allgemeine Zeitung vom 26. 11. 1953)

Subtile Entfaltung. Becketts „Godot" in Wuppertal

„[...] Ungeachtet all der ‚grellen' Zirkuseffekte, mit denen das Stück, eben wie eine absurde ‚Clownerie', aufwartet (der ‚Bändiger' Pozzo, mit Peitsche und Longe den armen Denkapparat Lucky vorführend, produziert einen wirklichen Dressurakt!), hält sich der Hintersinn strikt im Beiläufigen verborgen. Die Diktion sucht genau jenes angelsächsische ‚Understatement' auf, das sich immer mehr als die heutzutage mögliche Form herausstellt, große Themen ans Ohr des Publikums zu bringen, ohne durch Pathos mißtrauisch zu machen. Die Symbolik erscheint gleichsam nicht mehr gegenständlich und gewiß nicht als ‚Drücker', sondern umgesetzt in ein kaum merkbar rhythmisiertes ‚Gerede'. So erreicht sie es, den Hörer — mag er es spüren oder nicht — ganz einzubeziehen in den Prozeß. Ihm wird nichts Fertiges serviert. Es bleiben ihm nur zwei Möglichkeiten: hinauszugehen oder mitzumachen. [...]

Mit Didis und Gogos Diktion hat Beckett genau dem Zeitgenossen (von 1954) aufs Maul und auf seine Tragwilligkeit geschaut. Er läßt sich, ohne abzuspringen, einwickeln in die gesamte Thematik und sich hineinlocken in das Arsenal gegenwärtiger Metaphysik, ohne — gegen ein sogenanntes ‚Thesenstück' — übellaunigen Protest zu erheben. So läßt sich denn auch — ganz abgesehen einmal von dem enormen Erfolg in den Weltstädten — der allgemein beträchtliche Widerhall erklären. Er war jüngst wieder in einer ‚gewöhnlichen' Abonnementsvorstellung in Wuppertal zu spüren; das Publikum, merkbar ergriffen mitgehend, dankte mit demonstrativem Applaus. [...] — Man schied lebhaft erschüttert."

(Frankfurter Allgemeine Zeitung vom 8. 1. 1954)

Godot und kein Ende. Eine Aufführung im Intimen Theater

„Die Estragons und Wladimirs, die wie Galgenvögel auf ein Opfer, einen gewissen Godot warten, der niemals kam und niemals kommen wird, sind mittlerweile eine stattliche Zahl geworden. Vagabunden im Wartestand, die die Zeit mit Clownerie und Moritat totschlagen, Globetrotter auf der Landstraße, die einem Fernfahrerphantom auflauern, das sie ein Stück weiter mitnehmen soll ins unbekannte Nichts, oder auch — wenn man will — Nomaden auf dem Weg zu Gott... [...]

Je länger man wartet und dabei immer wieder den Namen Godot erwähnt und ergähnt, desto mehr möchte man annehmen, daß uns der Autor ein Schnippchen geschlagen, daß er uns einen mageren Darm hingeworfen hat, den wir mit der Wurst philosophischer Erkenntnis füllen sollen.

Der Wartezustand ist ein dankbares Objekt für die Bühne. Das sollte man zugeben; man kann ihn kurz und schmerzlos abtun und man kann ihn beliebig in die Länge und Breite walzen. Der Phantasie des einzelnen sind keine Grenzen gezogen. Alle Langeweile wird verscheucht und alle Bedenken gegen die Parterreakrobatik auf der Bühne werden beiseitegeschoben im Gedanken an den gemeinsamen Wunsch aller: Wir wollen unseren Godot sehen...! Doch wie gesagt, wir sehen ihn nicht.

[...] Die Frage: ‚Von was schweigen sie jetzt?' drängt sich bisweilen auf, aber was der Dialog in den eingelegten schöpferischen Pausen verschweigt (und es ist verdammt wenig), das ersetzen die famosen Tippelbrüder durch Pantomime und groteske Bodengymnastik. Zwischendurch erscheint Pozzo (Ralf Wolter) als Bild eines senilen

Jungbauern mit Großgrundbesitz und demonstriert mit dem ‚Schwein‘ Lucky an der Wäscheleine einen pathologischen Fall mit eingearbeiteter Bewußtseinsspaltung. Dallhausen gibt diesem vertierten Menschenkind die ‚Charakterzüge‘ eines ausgedienten Fiakergauls, der — genau wie im surrealistischen Pferdewitz — laut denken kann. Und die Halunken dürfen dazu wau-wau machen. So jagt in Becketts Spiel ein Gag das andere. Wir aber sind verdammt, mit ihnen zu warten. Worauf? Natürlich auf Godot . . .“

(Frankfurter Allgemeine Zeitung vom 19. 3. 1954)

Im eindeutigen Widerspruch zu der ansonsten positiven Aufnahme in Deutschland steht der Bericht W. Drews’ über die Reaktion des Münchner Publikums, die Kritik ist nichtsdestoweniger lobend:

Pfiffe in den Kammerspielen bei Samuel Becketts „Godot“ in München (Wolfgang Drews)

„Als Lucky zu der großen mimischen Parabel, dem wirren und tiefen Monolog vom Denken anhob, begann die Unruhe im Parkett und vor allem in den unübersichtliche-ren Winkeln des Hauses. München hat am längsten auf Godot gewartet und ihn am schlechtesten verstanden. Das provozierende Wort ‚denken‘ war das Stichwort für die Gedankenlosen, die sich gleichzeitig als Empfindungslose enthüllten und damit bewiesen, daß grobe Nerven und gebrechliche Gehirnzellen einander entsprechen. Der Theaterskandal war eine mißglückte Generalprobe: ein paar schüchtern freche Pfiffe unter dem Schutz der Dunkelheit, einige, vor Verlegenheit heisere, besonders törichte Paraphrasierungen des Textes, Gelächter, das Beifall beantwortete, Beifall, den Gelächter bekämpfte, Proteste in den Dialog hinein; ein bisher unbescholtener Romanschriftsteller verläßt das Lokal, und das Mitglied des PEN-Clubs bekundet die satzungsgemäße Toleranz mit einem vernehmlich gemurmelten ‚Zum Kotzen!‘ Hätte der Herr diesen Kraftausdruck gegen den Teil des Publikums gerichtet, der das Recht auf die eigene Meinung mit dem Recht zu rüdem Benehmen verwechselte, würden wir ihm zustimmen. Gewiß gehört der Protest des Publikums genau so zum Theaterspiel wie die Anerkennung; wer aber glaubt, daß ihn die erkaufte oder erschnorrte Eintrittskarte berechtigte, durch seine untalentierte und bornierte Mitwirkung die Künstler und seine Nachbarn stören zu dürfen, sollte in das Kasperle-Theater gehen, wo die fröhliche Albernheit das richtige Echo ist und zum guten Ton gehört. Im Schauspieltheater, bei Samuel Becketts tragisch erheiterndem und humoristisch rührendem Zeitbild ist sie schlechter, schlechtester Ton.
[. . .]“

(Frankfurter Allgemeine Zeitung vom 31. 3. 1954)

LONDON 1955 — . . . das Stück hat eine Aussage; und diese Aussage ist falsch . . .

Tomorrow (Harold Hobson)

„Die Einwände gegen Herrn Samuel Becketts Spiel als Unterhaltung auf der Bühne sind zahlreich und augenfällig. Jeder, der gut genug sehen kann, um eine Kirche am hellichten Nachmittag wahrzunehmen, kann sehen, wie sie aussehen: *Warten auf Godot* hat nichts, was die sinnliche Wahrnehmung verführen könnte. Die nackte, kahle Szenerie wird beherrscht von einem verdorrten Baum und einer Mülltonne [...] sie wird belebt nur durch ein Paar von Landstreichern, ungezieferbehaftet und verrottet, ihre Hüte verbeult und ihre Kleidung verschmutzt, mit Schweißfüßen, unberechenbaren Blasen und Schwären am Hintern.

Nicht genug damit. Nichts ereignet sich im ganzen Stück. Was immer man hier als dramatischen Vorgang bezeichnen könnte, strebt nicht einem Höhepunkt zu, sondern einer ewigen Vertagung. Wladimir und Estragon warten zwar auf Godot, aber das Erscheinen dieses Herrn (*wenn* er tatsächlich ein Herr ist, und nicht ein Wesen anderer Art) wird nicht durch eine irgendwie sichtbare Spannung vorbereitet, denn das Publikum weiß von Anfang an, daß Godot nie kommen wird. Der Dialog ist voller Ausdrücke, die für normale Ohren keinen Sinn ergeben; mehrfach heißt es im Stück, daß es nun zu Ende kommen würde und neu beginnen müsse; niemals jedoch rechtfertigt es sich durch Vernunft.

Es verwundert nicht, daß das englische Publikum — das traditionell alles ablehnt, was nicht unmittelbar verständlich ist — einige leichtfaßliche Passagen wie ‚Ich habe mich anderswo besser amüsiert‘ mit ironischem Gelächter am ersten Abend aufnahm [...] Seltsam genug jedoch, das Stück hat eine Aussage; und diese Aussage ist falsch [...] Herr Beckett irrt sich: die Menschheit macht sich herzlich wenig Gedanken um den Jüngsten Tag. [...] Gehen Sie und sehen Sie sich *Warten auf Godot* an. Schlimmstenfalls werden Sie eine Kuriosität entdecken, ein vierblättriges Kleeblatt oder eine schwarze Tulpe. Und bestenfalls etwas, das in einer Ecke Ihres Bewußtseins sich festsetzen wird für den Rest Ihrer Tage.“

(The Sunday Times vom 7. 8. 1955; Übers. der Verf.)

NEW YORK 1956 — ... wenn sie es nicht verstehen, zum Teufel mit ihnen ...

Mankind in the Merdecluse (Henry Hewes)

„Der amerikanische Theaterbesucher ist dazu geneigt, *Warten auf Godot* als frustrierendes Stück anzusehen, dessen Allegorien zwar faszinierend, aber niemals schlüssig sind. Er dürfte auch den Mangel an Handlung und die langen Strecken offensichtlich belanglosen Dialogs als magere Entschädigung betrachten für zwei im Theater abgesessene Stunden. [...]“

(Saturday Review vom 5. Mai 1956; Übers. der Verf.)

The Long Wait for Godot (Alan Levy)

„[...] Nach Monaten des Wartens waren die New Yorker Theaterkritiker auf *Godot* vorbereitet. Manche mochten das Stück, die meisten derjenigen, die es nicht mochten, benahmen sich zivilisiert. [...] John Chapman vom Daily News nannte es ‚die neuartigste Bühnennovität seit [Thornton Wilders] *The Skin of our Teeth*‘. Und John McClain gestand im Journal-American zu, daß *Godot* einen ‚fantastisch nonkonformistischen Theaterabend‘ bestreite, voller ‚Verrücktheiten, die es zum allgemeinen Gesprächsstoff machen sollten‘. [...] Der vielleicht schärfste Angriff kam von Mark Barron von Associated Press, der seinen Bericht über *Warten auf Godot* an hunderte von Zeitungen schickte: ‚Wohl das verrückteste Stück seit Jahren ... Gehört zu dieser gestörten Schule der Dramatiker, die begründet wurde von James Joyce und Gertrude Stein ... *Warten auf Godot* ist schwer zu verstehen, weil der Dialog verwirrend ist, die Aufführenden wiederholen sich offensichtlich, um die Wirrnis ihrer Partien zu kaschieren, und die ganze Aufführung ergibt keinen Sinn.' [...] Beckett selbst hat diese Konsequenzen seines Stückes nicht vorausgesehen. Als der Intendant [Alan] Schneider ihn davor warnte, daß das Publikum die Aussage des Stückes nicht verstehen könnte, meinte er: ‚Wenn sie es nicht verstehen — zum Teufel mit ihnen.'"

(Theater Arts, August 1956; Übers. der Verf.)

FRANKFURT/M. 1965

Warten als menschliche Grundsituation. Samuel Becketts „Godot" in den Kammerspielen

„[...] Vielleicht ist das beste dieser neuen Interpretation ihre unprätentiöse Form, ihre ‚Werktreue' möchte man sagen. Denn gerade dadurch erweist sie, daß Becketts Stück lebenskräftig, tiefsinnig und frisch wie am ersten Tag ist. Die menschliche Situation des Wartens als eine Grundsituation fixiert zu haben — das bleibt auch heute noch die höchste Qualität dieser vielseitig deutbaren zwei Akte. Nichts hat vermocht, seine Wirkung abzunutzen: die Mode nicht, der Wandel der Stile und der Wandel der Ansichten auch nicht. Seine Popularität ist berechtigt. Unter vielen glänzenden Erfolgen des Tages hat ‚Godot' überdauert — ein Mysterienspiel der offenen Fragen, die sich bei jeder Aufführung in Kopf und Herz eines jeden Zuschauers neu stellen. Das ist seine Sensation heute, eine stille, unauffällige Sensation. [...]

Nie ist Godot ein Thesenstück gewesen. Nie ein Stück für Ideologen irgendeiner Richtung. Schon die französische Truppe des Pariser Uraufführungstheaters Babylone [...] hat keine theologischen, sozialen (in der Szene von Pozzo-Lucky) oder existenzphilosophischen Theoreme angeboten. Im Gegenteil [...]. Die jetzige Frankfurter Inszenierung, betreut von dem griechischen Gastregisseur Stavros Doufexis, wirkt demgegenüber stärker textgebunden, strenger und — man möchte sagen — deutscher. Sie beginnt, höchst bezeichnend, mit dumpfen Donnerschlägen bei verdunkeltem Zuschauerraum. Das deutet an, daß sie Beckett bei seinen Dunkelheiten intensiver beim Wort nimmt. [...] [Wladimir] ist nicht traurig und tragisch. Er ist ein Verzweifelter und Hadernder, der das Warten nicht erleidet, sondern wünscht. [...]

Die Wirkung des Stückes in dieser unsensationellen, werkverpflichteten Inszenierung war zu spüren, es gab nachhaltigen Beifall am Schluß."

(Frankfurter Allgemeine Zeitung vom 4. 10. 1965)

BERLIN 1965

Wieder warten sie auf Godot. Deryk Mendel inszenierte Becketts Bühnenerstling im Schiller-Theater (Walther Karsch)

„[...] Schon Fritz Kortner hatte in München den Ernst ganz abgestreift und das Spiel ins Groteske verlegt. Mendel siedelt es jetzt ganz im Musikalischen, im Tänze-

rischen, im Choreographischen an, ohne daß auch nur einmal die Poesie verloren
ginge. Das Spiel wird dadurch schwebender, lockerer, beschwingter. [...] [Stefan
Wigger] setzt genau die Akzente, zieht die Denkbögen Becketts nach und ist von
einer so spaßigen Begriffsstutzigkeit, daß man immer wieder vermeint, da stehe der
erste Mensch: naiv, ein Parzival, ein reiner Tor. Und dennoch ist er ein reiner Untor,
ein wissender, ein eingeweihter, ein den Riten aufgeschlossener, der an Godot glaubt
— sei das nun Gott, der Teufel oder gar die Heilige Dreifaltigkeit. [...] Am Ende
gab es stürmischen Applaus für alle [...]"

(Berliner Tagesspiegel vom 27. 2. 1965)

SALZBURG 1970

*In Salzburg Becketts Welttheater. Otomar Krejca inszenierte „Warten auf
Godot" (Hilde Spiel)*

„[...] Die Figuren des Stückes agieren nun im Kreise des Festspielpublikums: Weltkinder links, Weltkinder rechts und rundum, die Propheten in der Mitte. [...] Sein
[Krejcas] vorwiegend theologischer Zugang zu dem Stück bewirkt, daß die Clownerie der beiden Landstreicher bei ihm stets umschattet, von trüber Welterfahrung be-
fangen erscheint. Trotzdem ist alles mit äußerster Konsequenz bewegt, aufgelöst,
durchdacht und gestaltet, jeder Figur sind typische, immer wiederkehrende Gebärden
zugeordnet; Wladimir, der den Hut hebt, sein Haar betastet, sich den Bauch hält,
Sitz eines Blasenleidens offenbar; Estragon mit seinen wunderlichen Gliederverren-
kungen; Lucky, immer wieder in der Geste des Schmerzensmannes am Kreuz. Welche
vielfältige Bedeutung Krejca aus dem Strick gewinnt, an dem Pozzo den Lucky führt,
das verrät die ganze Kunst seiner Regie. Lucky geht haargenau den Strick entlang,
wenn Pozzo ihn ruft, er drängt dem Peiniger in Augenblicken hilfloser Demut das
Strickende auf, das jener hat fallen lassen. [...] Hier zeigt sich, wie ein großer, ge-
scheiter und imaginativer Regisseur die Absicht des Autors nicht nur verwirklichen,
wie er sie erlaubterweise weiterentwickeln kann. [...] Der Abend wird beherrscht
von Bernhard Wicki, dessen Lucky von intensivster Ausdruckskraft und zugleich viel-
schichtiger Sinnbildhaftigkeit ist. Erschütternder, zwingender haben wir diese Figur
nie zuvor empfunden. [...] Alles in allem ein großer Theaterabend — eine Recht-
fertigung Salzburgs als Ort exemplarischen Bühnengeschehens."

(Frankfurter Allgemeine Zeitung vom 24. 8. 1970)

BASEL 1970

*Basel glänzt mit Beckett. „Warten auf Godot" beim Theatertreffen
(Walther Karsch)*

„Schon der Lucky erhält für seinen einzigen nicht-stummen Beitrag, Becketts grandios akkumulativen, sinnvoll-sinnlosen Wissenschaftsmonolog, stürmischen Beifall.
Am Schluß nimmt der Applaus kein Ende; vorher rollten zwischen beklemmtes
Schweigen immer wieder kurze Lachsalven. Der erste Beitrag zum diesjährigen Berliner Theatertreffen, der vom Publikum ohne jeden Widerspruch hingenommen wird.

[...] Mit welcher Präzision, Variabilität und Farbigkeit behandeln die vier Akteure Becketts angeblich so graues Wort! Wie wird noch in der scheinbar lässigsten Replik die kontroverse Situation zwischen Wladimir und Estragon relevant gemacht? [...] Und so clownesk der Anstrich der beiden Landstreicher auch immer wieder scheint — die melancholisch-tragische Grundierung der Figuren schlägt stets durch und somit das eben aufgekommene Lachen nieder. Ebenso fängt [Hans] Bauer die groteske Überspitzung im Spiel Pozzo-Lucky genau da ab, wo sie aus dem Absurden ins Lächerliche umschlagen könnte. Hier werden Durchblicke auf ein Stück geöffnet, die ihm ganz neue Varianten erschließen. [...] Ein wahrhaft eindrucksvoller Akzent auf dem Berliner Theatertreffen."

(Berliner Tagesspiegel vom 17. 5. 1970)

STUTTGART 1971

*Überlebensgroß Herr Pozzo. Peter Palitzsch inszeniert „Warten auf Godot"
in Stuttgart (Reinhard Baumgart)*

„Nichts an diesem ersten Stück von Beckett ist zunächst so ins Auge gefallen wie diese Leerstelle in seinem Zentrum, eben Godot, eine Rettung, die nicht kommen will. [...] Jede mögliche Deutung ließ sich darin unterbringen. Den theologisch Gestimmten wurde Godot unweigerlich zum Deus absconditus, einem algerischen Regisseur dagegen zur Bodenreform, auf die zwei Fellachen warten. Die schlichteste Auskunft kam wieder einmal von Beckett selbst: Godot, sagte er, hätte eine Familie geheißen, bei der er einmal in Südfrankreich wohnte. [...]
Keinerlei Atmosphäre, keine Handlung, kein trächtiges Problem halfen zwei Schauspielern, diese kahlen drei Dimensionen zu füllen. Ihre Schwierigkeiten sind drastisch und banal, so wenig abendländisch wie gesellschaftskritisch; da drückt ein Schuh, da steht ein Hosenknopf auf, da schmerzen nicht mehr als eine Niere und eine Blase. [...] Schön und verläßlich statt nur wesenlos poetisch, kaum besser zu machen, so sah das alles aus, bis statt Godot dann Pozzo mit Peitsche und Lucky am Strick eintrafen und nun endlich wuchtigen Inhalt, die Dialektik von Herr und Knecht, auf die kahle Spielfläche lieferten, in grotesker Vergrößerung.
[...] dieser ‚Godot', fürchte ich, hat, anders als spätere Stücke Becketts, seinen ersten scharfen Zeitgeschmack längst verloren, ist Tradition, ein milde welthaltiger Klassiker geworden, etwas scheinbar rund Geglücktes, Widerstandsloses und Selbstverständliches, das gerade deshalb sich durchaus nicht mehr von selbst versteht und das, frei vom Blatt weg musiziert, nur noch bewegend aussieht, ohne doch irgend etwas zu bewegen. Was mir fehlte und was sonst bei Palitzsch so selten fehlt: Die historische Distanz zum Stück und damit die Anstrengung, sie zu überspringen, die waren ausgelassen und weggewischt. [...]"

(Süddeutsche Zeitung vom 15. 11. 1971)

Im Präparierkasten. Stuttgarter „Godot"-Gastspiel (Walther Karsch)

„[...] Doch wie seltsam, daß Palitzsch diesmal Wort und Spiel Becketts austrocknet. Aus der berechtigten Abneigung gegen jedes zuviel an Interpretation wird das Recht abgeleitet, die Handlung wie auf einem Reißbrett ablaufen zu lassen, die Worte wie Dominosteine zu setzen. Das sollte Beckett gewollt haben, als er seine eigene Interpretation gegen unser zuviel an Tiefe und Tiefsinn setzte? Merkwürdig, wie da die Worte aufgesplittert werden, wie ohne jede Notwendigkeit ihr musikalisches Gefüge zertrümmert wird, wobei vom Gefühl gerade noch einiges Emotionale übrigbleibt, wie die Skelettierung der Sprache die Gedankenbögen zerschneidet, so daß die vielschichtige Dialektik Becketts einer didaktischen Simplizität weicht, die poetischen Reflexe ihres Glanzes beraubt werden. [...]"

(Berliner Tagesspiegel vom 17. 5. 1972)

BERLIN 1975 — ... die Vollkommenheit ...

Noch warten auf Godot? Becketts sanfter Umgang mit Beckett (Georg Hensel)

„Wenn Dramatiker wie Samuel Beckett in den Rang von Klassikern aufrücken, so müssen sie damit rechnen, von jüngeren Regisseuren wie Klassiker behandelt zu werden: respektlos. Bei neueren ‚Godot'-Inszenierungen sind Ausfälle zu registrieren an Metaphysik, an Schmerz, an Trauer, an Poesie. Nicht so bei Beckett: Er ist kein jüngerer Regisseur, er darf vor seinem Stück so viel Respekt haben, wie immer er mag. Und er mag viel: hauchzart geht er mit ‚Warten auf Godot' um.

Langsam wird es hell auf der Bühne; sanftes Licht; die braunen Pastellfarben im Hintergrund verlaufen nach oben, himmelwärts, ins Blaue. Das schlanke Bäumchen gabelt sich in drei dünne, gebogene Äste, einer links, zwei rechts. Der lange Stefan Wigger daneben, in der Hüfte gedreht, mit hängenden Armen und gespreizten Fingern, eine spindeldürre Silhouette, könnte ein Bruder des Baums sein. Links vorn versucht Horst Bollmann einen Schuh auszuziehen. Er sitzt auf einem Stein, und seine gedrungene Gestalt könnte ein Teil dieses Steins sein.

Bei Beckett sind geringe Varianten große Varianten: der Stein mit seinem Kontrast zum Baum ist neu. Wigger ist Wladimir, und Bollmann ist Estragon, auch dies ist neu. Vor zehn Jahren, als Deryk Mendel, assistiert von Beckett, am selben Ort, auf der Bühne des Schiller-Theaters ‚Warten auf Godot' inszenierte, waren diese beiden Rollen umgekehrt besetzt.

Schon nach wenigen Minuten macht die neue Besetzung klar, daß sie die richtige ist. Plötzlich wird im baumhaft hageren Stefan Wigger mit seinen Zweigarmen und verästelten Fingern, wird in Wladimir ein Stück Don Quichotte erkennbar und in Horst Bollmanns steinschwerem Estragon sein Sancho Pansa. [...]

Wie Wladimir und Estragon während Luckys Rede panisch die Flucht ergreifen; wie sie den sprachlich schwierigen Zusammenstoß von ‚ihn ihm' auskosten; wie sie in einen Trauermarsch von Chopin, in einen Wiener Walzer fallen oder in zweistimmigem Gesang Pozzo anrufen — das sind lauter kleine Regie-Erfindungen, die das Gelächter vermehren. Und doch bleibt die Aufführung durchlässig für den Todesernst. Wenn Stefan Wiggers Wladimir mitten im Unfug seines Liedes ‚Ein Hund kam in die Küche' jedesmal stumm wird bei dem Wort ‚Grab', kommt plötzlich ein Friedhofsfrösteln von der Bühne. Und wenn Pozzo über die Menschen sagt: ‚Sie gebären rittlings über dem Grabe, der Tag erglänzt einen Augenblick und dann von neuem die Nacht', so hebt er diesen Satz nachträglich über die gesamte Aufführung, die nun rasch zu Ende geht, als sei da nicht mehr viel zu sagen.

[...] Auch jetzt beim ‚Warten auf Godot' läßt Beckett nicht Philosophie, er läßt Theater spielen. Der Regisseur Beckett, der sich an das Theaterfleisch hält, an das Dreidimensionale, kann sich freilich fest darauf verlassen, daß ihm der Autor Beckett die vierte Dimension, die philosophische, die metaphysische, schon gratis dazuliefern wird, denn er spielt mit den Grundfragen des menschlichen Daseins. Da die Unlösbarkeit dieser Fragen nahelegt, auf Antworten zu verzichten und sich an das ‚Spiel' zu halten, arbeiten sich Regisseur und Autor Beckett gegenseitig in die Hände.

Beckett hat ‚Warten auf Godot' weginszeniert von der Clownsgroteske, weg von Musikhall, von Manege. Wladimirs und Estragons Streitfrage, wo sie nun eigentlich seien, im Theater, im Zirkus oder im Varieté, hat Beckett 1975 eindeutig entschieden: im Theater. [...]

Während Romanschriftsteller ihre fertigen Produkte im allgemeinen nie mehr ansehen, sind Dramatiker meist bereit, ihre Stücke zu verändern, zu aktualisieren und sie irgendwelchen Gegebenheiten anzupassen. Anders Samuel Beckett: Er inszeniert zwar immer wieder seine Stücke, doch sucht er keine Veränderung — er sucht die Vollkommenheit. In Berlin hat er sie gefunden.

Großer Jubel des Publikums: Dank für einen großen Abend. Preisfrage: Wenn Wladimir auf Godot wartet — wartet da im Zuschauerraum 1975 noch irgend jemand mit? Wladimir selber, Stefan Wigger, sagt seinen Satz ‚Wir warten auf Godot' sehr rasch und verschämt, fast schon wie eine überlieferte Redensart, wie ein nachgesprochenes Zitat. Wartet wenigstens er noch? Oder kommen wir inzwischen alle nur zusammen, um zu sehen, auf welch besondere Weise Godot abermals nicht kommt? Und ist es nur Spiel, so ist es doch — sagt Beckett — ein Spiel, um leben zu können."

(Frankfurter Allgemeine Zeitung vom 10. 3. 1975)

Ein „gereinigtes" Vergnügen. Becketts Berliner Inszenierung von Warten auf Godot (Wolfgang Werth)

„[...] Beckett lehnt es ab, seine Werke zu interpretieren. Sie selbst sagen, so bescheidet er neugierige Frager, alles, was er zu sagen habe.

Diese ebenso überzeugende wie entwaffnende Haltung bestimmt auch Becketts Arbeit als Regisseur eigener Stücke. [...] Beckett gibt keinem seiner Interpreten recht und überrascht auch nicht durch eine eigene neue Deutung seines Stücks. Vielmehr hat er sich darum bemüht, eine äußerst präzise akustisch-visuelle Realisierung der eigenen ‚Partitur' auf die Bühne zu bringen, die sich durch Wortmusikalität und ‚ballettische' Leichtigkeit auszeichnet. Das war manchen Kritikern zu wenig. [...]"

(Süddeutsche Zeitung vom 14. 7. 1976)

„Was für nette Leute!" Berliner Beckett-Schauspieler über ihre Gastspiel-Erfahrungen (Günther Grack)

„Rund 100 000 Menschen haben Samuel Becketts Eigeninszenierung von ‚Warten auf Godot' bisher gesehen, 136mal ist sie seit der Premiere vom 8. März 1975 gezeigt worden, auch in der nächsten Spielzeit noch wird sie im Repertoire des Schiller-Theaters verbleiben. Eine der schönsten Aufführungen, die an Berlins höchstdotiertem, wenn auch nicht mehr bestrenommiertem Sprechtheater je herauskam, ist sie zugleich ein Exportartikel, wie es in diesem Bereich noch keinen gab: in London, New York und Dublin, in Paris, Zürich und Belgrad und in Israel gleich an drei Orten, in Jerusalem, Tel Aviv und Haifa hat das Schiller-Theater damit gastiert. [...] In London und New York reagierte das Publikum, nach Wiggers Empfinden, ‚so spontan wie ich es vorher noch nie erlebt habe'. [...] Dagegen eine befremdliche Erfahrung in Paris: Becketts 70. Geburtstag wurde von den Zeitungen ebenso ignoriert wie das Berliner Gastspiel. Die Franzosen, schließt Raddatz daraus, mögen diesen Autor nicht (obwohl er, der Ire, so gern in ihrer Sprache schreibt)."

(Berliner Tagesspiegel vom 2. 6. 1977)

„Berlin Now" — 2. Akt. (G. H. Wilk)

„[...] Soweit die Erinnerung reicht, hat ein deutsches Ensemble seit 1924, als Reinhardt mit ‚Das Mirakel' von Vollmöller (Inszenierungskosten damals bereits 3 000 000 Dollar) gastierte, noch nie so enthusiastische Kritiken erhalten. Selten auch kamen so viele Amerikaner, von denen man nicht weiß, ob sie die deutsche Sprache beherrschen, zu einer fremdsprachigen Aufführung."

(Berliner Tagesspiegel vom 10. 4. 1977)

Warten auf Godot im Fernsehen (Sibylle Wirsing)

„Die Aufführung, die das ZDF in seiner Reihe ‚Die aktuelle Inszenierung' sendet, ist anderthalb Jahre alt; sie ist auf Gastspielreisen im Ausland bejubelt und im eigenen Haus, im Schiller-Theater Berlin, hundertmal gezeigt worden, aber an Aktualität oder, genauer gesagt, an Klassizität hat sie nichts verloren [...]

Obwohl sich über Becketts Anordnungen nun notgedrungen die Regieführung der Kameras breitmachte, das Gefühl für die unausdenkbare und unausschreibbare Leere nicht mehr da war und die Szene, eingekastet in den Fernsehrahmen und zerkleinert zu den Bildausschnitten, ihre wüste Großzügigkeit und ungeheuerliche Ordnung hatte, bekam man durch die Verfilmung doch auch das Original zu fassen. Bei den Zwiegesprächen und den ehelichen Auseinandersetzungen zwischen Wladimir und Estragon war sogar von der ursprünglichen Choreographie noch etwas zu ahnen, von der Präzision, mit der die Schicksalsgenossen die Qual ihres Zeitvertreibs, ihrer Wort- und Gedankenspiele, auch als ein Karussel von Flucht und Wiedersehen, als die sinnliche Pein von Annäherung, Abschied, Entfremdung, Ausschau und Rückkehr so hoffnungslos zweisam vorführen, wie sie es ja auch gleich eingangs wörtlich bekennen: ‚Ich dachte, du wärst weg für immer.' — ‚Ich auch.'

Wigger und Bollmann waren mit diesem Kreislauf und den Trauerfeiern ihrer unabtrünnigen Partnerschaft die treuesten Beckett-Figuren und standen trotz der zusammengerückten Miniaturfassung groß da — ganz virtuos und ganz gehorsam."

(Frankfurter Allgemeine Zeitung vom 16. 7. 1976)

REGENSBURG 1982

Ab Anfang der achtziger Jahre wird *Warten auf Godot* verschiedentlich innovativ eingespielt, mit markanterem Bühnenbild, sogar mit weiblichen Darstellerinnen. So die Inszenierung von Barbara Osterkamp in Regensburg 1982. Die Frankfurter Allgemeine Zeitung stellte die Frage:

Warten Frauen auf Godot?
Eine Frage aus aktuellem Anlaß — Beckett sagt: Es ist ein Stück für Männer

„Unsere Frage mag manchen Leser überraschen. — Natürlich warten Frauen auf Godot, sähen sie sich sonst das Stück an, wenn es sie nichts anginge? Wenn man mit Frauen über diese Frage ins Gespräch kommt, stößt man auf Überraschungen. Warten sie wirklich auf Godot? — Den Anlaß zu solcher Frage gibt jene Aufführung von Becketts Schauspiel ‚Warten auf Godot‘ (Uraufführung 1952!) in Regensburg, die eine komplette weibliche Besetzung aufwies. Regie: Barbara Osterkamp. Es spielte eine Amateurtruppe. Diesem Umstand allein ist zu verdanken, daß die Aufführung überhaupt Premiere haben konnte. Aber auch sie scheiterte (nach wenigen Aufführungen) an dem Veto des Bühnenverlags S. Fischer. Bei diesem waren schon vor dem Regensburger Unternehmen Anfragen nach einer Aufführung mit weiblicher Besetzung eingegangen; denn an ein solches Projekt wurde selbst in renommierten Bühnen wie dem Hamburger Schauspielhaus gedacht. Doch Beckett hat das abgelehnt. Wenn er ein Stück für Frauen habe schreiben wollen, hätte er es getan, dies sei ein Stück für Männer. Becketts Nein ist absolut und dürfte es wohl auch bleiben, auch wenn die Regisseurin von Regensburg ihn noch umzustimmen gedenkt. In den Gesprächen über diesen Fall ist von einer Frau auch die Frage gestellt worden: Warten Frauen überhaupt auf Godot? Und: Wäre eine Aufführung, von Frauen gespielt, ihren Erwartungen und ihrem Interesse näher? — [...]"

(Günther Rühle)

Die Frage wird unter anderem von Barbara Osterkamp selbst beantwortet:

Wir warten anders

„Der Klassiker des absurden Theaters ‚Warten auf Godot‘ von Samuel Beckett ist 1952 von einem Mann für Männer geschrieben und bisher nur von Männern inszeniert und gespielt worden. Warum aber wurden 1982 im Kleinen Theater Regensburg Regie und Spiel ausschließlich von Frauen besorgt? Um einer ‚falsch verstandenen Emanzipation‘ willen und als mutwillige ‚Vergewaltigung Becketts‘ — so eine Lokalzeitung — oder vielleicht doch nur als Gag?

Ich möchte die Notwendigkeit (keineswegs aber das Recht des Autors) bestreiten, Godot heute noch so spielen zu lassen wie vor dreißig Jahren, so als läge mit der Fixierung eines Textes Endgültiges vor, dem neue Perspektiven zu geben einem Verbrechen gleichkäme — [...]

Unser Thema aber, oder besser: das Thema auch von uns Frauen, war und ist nun einmal das Warten. Warten als uraltes Motiv von Frauenschicksalen. Warten auf den richtigen Mann, auf die Geburt des Kindes, auf die Rückkehr der Männer und Söhne aus dem Krieg ... Warten als Chiffre teilentmündigter Wesen, auch nach zehn Jahren Frauenbewegung — wenn auch verdeckter. Nur das Alter ist ihm noch mehr ausgeliefert.

Doch wir warten anders als Männer. Und genau das haben uns Frauenbewegung und die im Moment sehr gebeutelten achtundsechziger Jahre beigebracht: daß es den Menschen an sich ebensowenig gibt wie das Ansich von dessen Gefühlen. Unser Warten nämlich ist nicht abstrakt oder intellektuell, und es beherrscht uns zu sehr, als daß wir es mit Clownerie und Spiel füllen könnten. Dagegen hat es mit den Menschen zu tun, auf die wir warten, und mit Glück, Hoffnung und Leid, welche uns mit diesen verbinden. Es enthält Unsicherheit, Angst und Aggressivität, aber auch Zärtlichkeit und Wärme. Unser Warten hat sehr viel mit dem Leben selbst zu tun und nicht mit dem Räsonieren darüber.

Und deshalb brauchen die Frauen auf der Regensburger Bühne keine äußeren Attribute der Abhängigkeit mehr wie den Strick, und der Hut wird dort zum Mantel, der stellvertretend Wärme gibt. Deshalb auch sind Clownerie und intellektuelle Wortspielerei reduziert zugunsten jener Perspektive des Textes, die in den bisherigen Inszenierungen in den Hintergrund getreten ist, die nämlich der Beziehungen selbst, die der Abhängigkeit, Liebe und des Hasses zwischen den Figuren. Godot als Hoffnungsbild wird damit gleichsam von außen nach innen verlagert, ist also nun das, was in den Beziehungen selbst als mögliches Gelingen aufscheint, auch wenn es immer wieder verraten und zerstört wird.

Das Warten ist von daher nicht nur mehr eine literarische Chiffre, deren dramatischer Verifizierung man intellektuell bewundernd, persönlich aber recht unbeteiligt zusieht, sondern wird nun sinnlich-konkrete Erfahrung, die vom Zuschauer nachvollzogen werden kann und die ihn angeht.

[...]"
(Barbara Osterkamp)

Einen anderen Standpunkt vertritt die Kostüm- und Bühnenbildnerin Barbara Bilabel:

„Könnte ich als Regisseurin mir vorstellen, ‚Warten auf Godot‘ mit Frauen zu besetzen? Nein, könnte ich nicht. Ich wüßte im Augenblick keinen Grund — dieses Stück nur einfach kennend —, warum es von Frauen gespielt werden sollte. Ein Stück vom Warten! Da gäbe es jede Menge anderes zu erzählen, jedenfalls für mich. Das schiere Gegenteil eher, lieber Frauenfiguren, die losstürzen, die riskieren, sogar Falsches, vielleicht schließlich auf dem Bauch landen.

Deshalb würde ich das Stück überhaupt nicht machen wollen. Und was ich davon halte, daß ein Autor verbietet, seine Männerfiguren von Frauen spielen zu lassen? Darüber muß ich lachen. Einem unbürgerlicheren Autor wie Jean Genet war es gleich, ob seine ‚Zofen‘ von Frauen oder Männern gespielt wurden, was seinem Stück nicht schadete.

Oder meint Beckett, daß am Ende der Zeit der Abgesang auf diese Welt nur von Männern gesungen werden kann? Das traue ich ihnen (den Männern) zu; und dem Autor Beckett auch, obwohl er's bestimmt anders versteht als ich."
(Barbara Bilabel)
(Frankfurter Allgemeine Zeitung vom 18. 6. 1982)

MÜNCHEN 1984

Fast ein Jahrzehnt nach der ‚vollkommenen‘ Berliner Aufführung 1975 beweist die sehr erfolgreiche Inszenierung George Taboris in München aufs neue die enorme Publikumswirksamkeit von *Warten auf Godot:*

Was bleibt, ist Warten — George Taboris Beckett-Inszenierung in München (Hans Schwab-Felisch)

„Das Stück ist über dreißig Jahre alt, und es ist mit der Zeit gewachsen. Aus dem Avantgarde-Drama von damals wurde wenig später eine scheinbar modische Clownerie. Sie ließ sich einordnen; man konnte etwas mit ihr anfangen, denn sie gehörte zur Welle des ‚Absurden Theaters‘, die sie, etwa gleichzeitig mit Ionesco und Adamov, doch erst in Bewegung gesetzt hatte. Die Welle ist vorüber, das Stück ist geblieben. Vor etwa zehn Jahren avancierte es zum ‚modernen Klassiker‘. Heute gehört es zum Bestand des die Zeiten überdauernden Theaters, ist Weltliteratur.

Große Stücke erkennt man auch daran, daß jeder Versuch, sie zu deuten, am Ende darauf hinausläuft, die eigene Gegenwart zu entdecken, den Zeitgeist herauszuarbeiten und was von ihm im Interpreten selbst steckt. Als Stroux die deutsche Erstaufführung im Berliner Schloßpark-Theater inszenierte, gelang ihm die Schwere des Stücks; was Wunder, nur acht Jahre nach Kriegsende. Er rettete sich in eine Beschwörung des christlichen Kreuzes. Die leichten Töne einer verzweifelten Heiterkeit kamen bei ihm zu kurz. ‚Godot‘, das war, was immer man darunter verstehen mochte, am ehesten noch ‚Gott‘. Zwar zeigte er sich nicht. Die Hoffnung, er werde doch kommen, war auch unangebracht. Ein Quentchen credo quia absurdum war aber doch dabei. Später richtete Beckett sein Stück zweimal am Berliner Schiller-Theater ein, leicht und melancholisch, heiter und ohne jeden Versuch einer Antwort: ‚Alles ist Spiel. Ein Spiel, um leben zu können.‘

Kein Stück der zeitgenössischen Theater-Literatur ist so offen für Interpretationen wie ‚Godot‘. Keines bietet soviel Raum für Identifikationen. Es ist eine Lebensmetapher, in der von allen Grundtatsachen unserer Existenz die Rede ist, widersprüchlich und ohne Lösung.
[...]
Nach drei Stunden wurde gejubelt und getrampelt. Ein Theatersieg erster Ordnung.“

(Frankfurter Allgemeine Zeitung vom 9. 1. 1984)

Gesellschaft — was ist das?
Wladimir und Estragon, Thomas Holtzmann und Peter Lühr in „Warten auf Godot“ (Peter Iden)

„[...]

Wie der Regisseur Tabori und die Schauspieler die Szenen in München gegliedert haben, wird gut erkennbar, daß Beckett in diesem Stück alle Verhaltens- und Denkweisen durchspielt, die Menschen für sich als einzelne und im Hinblick auf andere entwickeln können, von der empfindlichsten Zuneigung bis zur rüdesten Abkehr; und wieder zurück zu neuer Nähe. Man beobachtet an Holtzmann und Lühr die kläglichste Niedergeschlagenheit und die stolzeste Kühnheit: Estragon: ‚Wie wär’s, wenn wir uns freuten?‘, und später sogar: ‚Wenn wir ihn einfach fallen ließen?‘, ihn, Godot, auf den sie warten — was wäre, wenn sich entschließen könnten, ihn einfach zu vergessen? Wladimir weiß es: ‚Dann würde er uns bestrafen.‘ Diese Strafe — sie bestünde im Verlust des Anlasses, den sie sich geschaffen haben, um zu leben, zu denken, zu reden.

Denn darum geht es, wie im großen Drama, immer: Was heißen soll — zu leben, mit der Zeit, die vergeht, und ‚eingekesselt‘, wie Wladimir feststellt. Zwar, wieder Estragon: ‚Es fällt uns immer noch etwas ein, um uns einzureden, daß wir existieren‘ (eine Pointierung Descartes’) aber, dagegen Wladimir: ‚Wenn ich morgen glaube, wach zu werden, was werde ich dann von diesem Tage sagen . . ., was wird wahr sein von alledem?‘ In der Frage ist eine Angst, die auch die Passagen der Aufführung noch grundiert, in denen die beiden Schauspieler sich zu erheitern scheinen an der Lage ihrer Figuren.

Manchmal wollen sie sich trennen. Sie spielen mit dem Gedanken: Jeder für sich zu bleiben, von jetzt an. Aber dann entfiele, sie machen sich das klar, der letzte Trost. Holtzmann und Lühr suchen nicht nach einem metaphysischen Heil, sie bestehen auf näherliegende Hilfe. Jeder kommt für sich darauf: Solange ich nicht alleine bin, sondern Halt haben kann an einem anderen, ist vielleicht noch Rettung. Darum ist das der schönste Augenblick in Taboris Inszenierung: ‚Ich kann nicht mehr weitermachen‘, sagt Estragon — liebevoll umfängt da Holtzmanns Wladimir den müde gewordenen Peter Lühr, und dieses ist sein Trost: ‚Das sagt man so.‘ Mehr kann nicht sein. (In einem späteren Werk Becketts, der Erzählung ‚Gesellschaft‘, gibt es in der Erinnerung des verlöschenden Subjekts nicht mehr soviel, ‚allein‘ ist das letzte Wort.)

Warum geschieht es Zuschauern in München, daß sie sich auf merkwürdige Weise fast wohl fühlen und sich in nur noch leise irritierter Übereinstimmung wissen können mit vielen der Sätze Becketts in ‚Warten auf Godot‘? Als das Stück in den fünfziger Jahren bei uns auf die Bühnen kam und für das breite Publikum rasch zum Inbegriff unverstandener Moderne wurde, traf es auf eine Gesellschaft im Aufbruch, bewegt vom Optimismus und dem Wachstumsglauben der frühen Wirtschaftswunderjahre. Becketts vergeblich nach Grund und Stand suchende Figuren formulierten den Widerspruch zur Stimmung der Zeit. Jetzt hat das Klima sich verändert, die Laune ist schlechter geworden: die Aussichten düster, kein Ausweg in Sicht, zu Optimismus kaum Anlaß. So sind wir inzwischen selber angekommen, wo Wladimir und Estragon schon länger warten. Nicht als rätselhafte, störrisch störende Zwischenfrager treten die beiden heute vor uns auf, sondern als aktuelle Gefährten, in denen wir uns selber vor Augen haben. Wladimir, der Philosoph: ‚Die Luft ist voll von unseren Schreien‘, aber immerhin: ‚Man hat Zeit genug, um alt zu werden.‘ Vielleicht haben wir nicht einmal die.

Noch mit dem Abschied, den sie am Ende des Abends von uns nehmen, geben Wladimir und Estragon, Thomas Holtzmann und Peter Lühr, ein Bild der Situation, die jetzt jeder kennt: Wladimir: ‚Also? Wir gehen?‘, Estragon: ‚Gehen wir!‘ — und dann, gemäß Becketts Regieanweisung: ‚Sie gehen nicht von der Stelle.‘“

(Frankfurter Rundschau vom 28. 1. 1984)

Kontroversen löst das Stück auch dort aus, wo es noch nicht aufgeführt ist:

Beckett als Parteidichter — „Godot“-Diskussion in der DDR
(Andreas Roßmann)

„Seit über dreißig Jahren warten wir schon auf Godot: Seit 1953 genau, als Becketts Stück auf deutsch erschien und danach immer wieder gespielt wurde. In der DDR warten sie schon seit über dreißig Jahren auf ‚Godot‘. Auch seit 1953 genau, als

Bertolt Brecht das Stück bearbeiten und aufführen wollte. Doch aus seinem Plan, die Existenzparabel zur Klassenkampfparabel zu schärfen, wurde nichts; die Zeit war noch nicht reif. Und so warten sie in der DDR immer noch: Noch nicht auf Godot, sondern erst einmal auf Beckett. Denn dieser gilt — offiziell — als spätbürgerlicher Nihilist, weshalb bisher keines seiner Stücke eine Einreisegenehmigung erhielt.

Die Theaterleute in der DDR aber kennen Beckett trotzdem. Seine Dramen sind — inoffiziell — Pflichtlektüre, die Texte gehen von Hand zu Hand. Inszenierungen, darunter Becketts eigene, sind aus dem West-Fernsehen bekannt, auch auf der Bühne wurde schon auf sie angespielt und aus ihnen zitiert. Als der (inzwischen im Westen lebende) Regisseur Jürgen Gosch 1978 an der Ostberliner Volksbühne ‚Leonce und Lena' inszenierte, wurde ihm vom ‚Neuen Deutschland' bescheinigt, er habe ‚den Georg Büchner auf den Samuel Beckett hingewirtschaftet'; und sein Kollege Christoph Schroth plazierte, als er Volker Brauns ‚Dmitri' 1984 in Schwerin herausbrachte, russische Bauern in Beckettschen Mülltonnen. Und derselbe Volker Braun hat sogar ein — 1980 auf der Probebühne des ‚Berliner Ensembles' uraufgeführtes — Stück mit dem Titel ‚Simplex Deutsch' veröffentlicht, dessen sechste Szene ‚Auftritt Godot' überschrieben und mit folgender Regieanweisung versehen ist: ‚Ein Beckett-Bäumchen. Zwei Hippies am Boden, vermutlich Estragon und Wladimir.' Ohne daß sie lange warten müßten, taucht auch schon Godot auf, den sie aber kaum beachten — eine Parodie, in der auch eine Reverenz steckt. — Da kam Beckett durch die Hintertür. Der richtige Godot aber war das nicht, der ist auch in der DDR noch nicht gekommen. Um so erstaunlicher ist es deshalb, daß sich dort kürzlich jemand zu Wort gemeldet hat, der Godot zu kennen scheint. Jedenfalls weiß Alfred Dreifuß, der als 83jähriger Theatermann (seine) Narrenfreiheit genießt, warum Godot bei uns im Westen nicht kommen kann. [...] ‚Godot kann nicht kommen in jener Gesellschaft. Nihilismus, Skrupellosigkeit und Verzweiflung, Zerfall menschlicher Werte und Wertbegriffe, Brutalität sind ihre Kennzeichen. Die sichtbaren Merkmale heißen Arbeitslosigkeit, von Millionen, Riesenpleiten, Flucht in obskure Geisteshaltungen, Verzweiflung und Auswegslosigkeit.'

Da haben wir's. [...] der Kapitalismus ist schuld daran, daß Godot nicht kommen kann. Merkwürdig nur, daß er auch in der DDR nicht kommen kann, obwohl es dort doch gar keinen Kapitalismus gibt und Becketts ‚hochbrisantes politisches Parabelstück', wie Dreifuß haarscharf folgert, nur ‚die Richtigkeit unserer sozialistischen Moral, unserer gesellschaftlichen Entwicklung, unseres ökonomischen Systems bestätigt'.

Markige Sätze. Mit ihnen hat der DDR-Theatermann den irischen Dramatiker zum Gewährsmann des SED-Staats verpflichtet, den so lange Totgeschwiegenen zum Parteidichter promoviert. Und den Kulturfunktionären mächtig den Marsch geblasen. Die nämlich wachen nach wie vor darüber, daß Becketts Stücke von den DDR-Spielplänen verbannt bleiben. Vielleicht werden sie das nicht mehr lange tun, denn das Plädoyer in der ‚Weltbühne' könnte, wie andere vor ihm, das Signal für die Aufhebung des Aufführungsverbots sein. Dann warten sie in der DDR nicht mehr auf ‚Godot'. Sondern nur noch auf Godot."

(Frankfurter Rundschau vom 13. 7. 1985)

VI. Literaturverzeichnis

1. Ausgaben

Im vorliegenden Band wird zitiert nach der Suhrkamp-Gesamtausgabe: *Samuel Beckett*. Werke. In Zusammenarbeit mit *Samuel Beckett* hg. v. *Elmar Tophoven* und *Klaus Birkenhauer*. Übertragungen von Elmar Tophoven, Erika Tophoven und Erich Franzen. Frankfurt/M. 1976 (= werkausgabe edition suhrkamp in zehn Bänden), und zwar mit einfachen Seitenzahlen: *Warten auf Godot* (Bd. I, 1). Bei anderen von uns zitierten Werken aus dieser Ausgabe erscheint jeweils die Bandzahl in römischen Ziffern, die Seitenzahl in arabischen.

Erstausgaben:

En attendant Godot. Paris: Editions de Minuit 1952.
Warten auf Godot. Frankfurt/M.: Suhrkamp 1953.
Waiting for Godot. London: Faber and Faber 1955.
Waiting for Godot. New York: Grove Press 1954.

Die Studienausgabe: *En attendant Godot*. Hg. v. *Germaine Brée* und *Eric Schoenfeld*. Toronto 1963, [11]1969 (= Macmillan Modern French Literature Series) wird im vorliegenden Band als *Brée* zitiert.

2. Bibliographien; Forschungsberichte

Davis, J.: Samuel Beckett. Calepins de bibliographie II. Paris 1971.

Fletcher, John und *Raymond Federman:* Samuel Beckett: His Works and His Critics. An Essay in Bibliography. Berkeley/Los Angeles/London 1970 (= Univ. of California Press).

Friedman, Melvin J. (Hg.): Samuel Beckett Now. Critical Approaches to his Novels, Poetry and Plays. Chicago/London 1970 (= Chicago University Press).

3. Essays, Kritiken, Dokumentationen

Birkenhauer, Klaus: Samuel Beckett in Selbstzeugnissen und Bilddokumenten. Reinbek 1971 (= rowohlts monographien 176).

Calder, John (Hg.): Beckett at 60. A Festschrift. London 1967.

Cohn, Ruby (Hg.): Casebook on Waiting for Godot. New York 1967. [enth. Aufführungskritiken, Auszüge aus Zeitungsinterviews etc.].

Jacobsen, Josephine und *William R. Mueller:* The Testament of Beckett. London 1966.

4. Allgemeine Studien zum modernen Drama

Brauneck, Manfred (Hg.): Das deutsche Drama vom Expressionismus bis zur Gegenwart. Interpretationen. Bamberg ²1972.

Duwe, Wilhelm: Ausdrucksformen deutscher Dichtung vom Naturalismus bis zur Gegenwart. Eine Stilgeschichte der Moderne. Berlin 1965.

Esslin, Martin (1): The Theater of the Absurd. London ³1974. Deutsche Fassung: Das Theater des Absurden. Frankfurt/Bonn 1964.

Franzen, Erich: Formen des modernen Dramas. Von der Illusionsbühne zum Antitheater. München 1961.

Heidsieck, Arnold: Das Groteske und Absurde im modernen Drama. Stuttgart 1969.

Hildesheimer, Wolfgang: Erlanger Rede über das absurde Theater. In: *Manfred Brauneck,* a. a. O., S. 237—242.

Kesting, Marianne: Das epische Theater. Zur Struktur des modernen Dramas. Stuttgart 1959 (= Urban-Bücher 36).

Kofler, Leo (1): Zur Theorie der modernen Literatur. Der Avantgardismus in soziologischer Sicht. Neuwied/Berlin 1962.

Szondi, Peter: Theorie des modernen Dramas. (1880—1950) Frankfurt/M. ⁸1971 (= edition suhrkamp 27).

5. Gesamtdarstellungen

Bair, Deidre: Samuel Beckett: A Biography. New York 1978.

Barnard, G. C.: Samuel Beckett: A New Approach. A Study of the Novels and Plays. New York 1970.

Butler, Lance St. John: Samuel Beckett and the Meaning of Being: A Study in Literature as Philosophy. New York 1984.

Esslin, Martin (2) (Hg.): Samuel Beckett: A Collection of Critical Essays. Englewood Cliffs, N.J. 1965.

Gölter, Waltraud: Entfremdung als Konstituens bürgerlicher Literatur, dargestellt am Beispiel Samuel Becketts. Versuch einer Vermittlung von Soziologie und Psychoanalyse als Interpretationsmodell. Heidelberg 1976 (= Studia Romanica).

Hassan, Ihab: Joyce, Beckett und die post-moderne Imagination. In *Mayer/Johnson,* a. a. O., S. 1—24.

Hayman, Ronald: Samuel Beckett. New York 1973 (= World Dramatists).

Homan, Sidney: Beckett's Theaters: Interpretations for Performance. London 1984.

Iser, Wolfgang (1): Die Figur der Negativität in Becketts Prosa. In: *Mayer/Johnson,* a. a. O., S. 54—68.

Kenner, Hugh: Samuel Beckett. Eine kritische Studie. München 1965.

Leventhal, A. J.: The Beckett Hero. In: *Martin Esslin* (2), a. a. O., S. 37—51.

Lyons, Charles R.: Samuel Beckett. New York 1983 (= Modern Dramatists).

Mayer, Hans und *Uwe Johnson* (Hg.): Das Werk von Samuel Beckett. Berlin Collo-
quium. Frankfurt/M. 1975 (= suhrkamp taschenbuch 225).

Metman, Eva: Reflections on Samuel Beckett's Plays. In: *Martin Esslin* (2), a. a. O.,
S. 117—139.

Nadeau, Maurice: Samuel Beckett: Humor and the Void. In: *Martin Esslin* (2), a. a.
O., S. 33—36.

Parkin, Ernst und *Gerhard Wilke:* Schluß mit Warten! Eine Untersuchung der
Hauptstücke Becketts. In: *Mayer/Johnson,* a. a. O., S. 87—132.

Perche, Louis: Beckett. L'enfer à notre portée. Paris 1969 (= Le Centurion).

Serreau, Geneviève: Entrée des clowns. In: Les critiques de notre temps et Beckett.
Paris 1971, S. 14—19.

Webb, Eugene: The Plays of Samuel Beckett. Seattle 1972 (= Univ. of Washington
Press).

6. Interpretationen und Essays

Adorno, Theodor W. (1): Versuch, das Endspiel zu verstehen. In: *Th. W. A.:* Noten
zur Literatur II. Frankfurt/M. 1961, S. 188—236 (= Bibliothek Suhrkamp).

Adorno, Theodor W. (2): Zur Dialektik des Engagements. In: Die Neue Rundschau 1
(1962), S. 106.

Anders, Günther: Sein ohne Zeit. Zu Becketts Stück „En attendant Godot". In: *Ursula Dreysse,* a. a. O., S. 31—48.

Ashmore, Jerome: Philosophical Aspects of „Godot". In: Symposium 16 (1962),
S. 296—306.

Beckmann, Heinz: Godot oder Hiob. Glaubensfragen in der modernen Literatur.
Hamburg 1965.

Beeck, Manfred in der: „Warten auf Godot". Eine psychologisch-künstlerische Studie
zu dem Bühnenstück von Samuel Beckett. In: Die Therapie des Monats 9 (1962),
S. 306—319.

Breuer, Horst: Ordnung und Chaos in Luckys ,Think'. Zu Samuel Becketts „Warten
auf Godot". In: *Ursula Dreysse,* a. a. O., S. 117—126.

Brooks, Curtis M.: The Mythic Pattern in „Waiting for Godot". In: Modern Drama
9 (1966), S. 292—299.

Dreysse, Ursula (Hg. und Übers.): Materialien zu Samuel Becketts „Warten auf Godot". Frankfurt/M. ²1976 (= suhrkamp taschenbuch 104).

Duckworth, Colin: Godot — Entstehung und Aufbau. In: *Ursula Dreysse,* a. a. O.,
S. 89—116.

Emrich, Wilhelm: Dichterischer und poetischer Mythos. In: Akzente 10 (1963),
S. 205 f.

Francis, Richard Lee: Beckett's Metaphysical Tragicomedy. In: Modern Drama 8
(1965), S. 259—267.